赣州稀土产业集群竞争力研究

Research on the Competitiveness of Ganzhou Rare Earth Industry Cluster

高芳圆　著

北　京

冶 金 工 业 出 版 社

2023

内 容 提 要

本书在对产业集群及其竞争力相关理论进行系统梳理的基础上，选用 GEM 模型为研究依托，构建了基于 GEM 模型的赣州稀土产业集群竞争力评价指标体系，以便对赣州稀土产业集群竞争力展开相应的实证分析与研究，从而更好地测度和评价其具体的竞争力水平。

本书可供稀土行业的相关从业人员阅读，也可供从事经济管理和产业发展研究的人员和有关师生参考。

图书在版编目 (CIP) 数据

赣州稀土产业集群竞争力研究／高芳圆著 . —北京：冶金工业出版社，2023.1（2023.9 重印）

ISBN 978-7-5024-9369-1

Ⅰ.①赣…　Ⅱ.①高…　Ⅲ.①稀土金属—有色金属冶金—工业经济—产业集群—竞争力—研究—赣州　Ⅳ.①F426.32

中国国家版本馆 CIP 数据核字（2023）第 007249 号

赣州稀土产业集群竞争力研究

出版发行	冶金工业出版社		**电　话**	（010）64027926
地　　址	北京市东城区嵩祝院北巷 39 号		**邮　编**	100009
网　　址	www.mip1953.com		**电子信箱**	service@ mip1953.com

责任编辑　任咏玉　高　娜　美术编辑　吕欣童　版式设计　郑小利
责任校对　梅雨晴　责任印制　禹　蕊
北京建宏印刷有限公司印刷
2023 年 1 月第 1 版，2023 年 9 月第 2 次印刷
710mm×1000mm　1/16；8 印张；153 千字；116 页
定价 66.00 元

投稿电话　（010）64027932　投稿信箱　tougao@cnmip.com.cn
营销中心电话　（010）64044283
冶金工业出版社天猫旗舰店　yjgycbs.tmall.com
（本书如有印装质量问题，本社营销中心负责退换）

前　　言

　　本书的撰写想法最早来自本人作为第一负责人申报的课题"劳动力成本上升对赣州有色金属产业集群竞争力的影响研究"的一个分支，该课题入选当年江西省研究生创新专项资金项目（项目编号：YC2013—S201）。由于考虑到有色金属产业包括多个组成部分，而享有"稀土王国"美誉之称的江西省赣州市作为我国南方离子型稀土矿的重要生产基地和材料供应基地，同时稀土、采矿等专业作为江西理工大学的优势学科，希望进一步借助此优势平台对赣州稀土产业进行更为全面且深入的分析与研究，因此经过反复考量，最终将研究主题确定为赣州稀土产业集群。产业集群作为一种被广泛认可的高效率的空间经济现象，在国内外经济社会发展中均起到了重要推动作用。在我国尤其是东部沿海经济发达地区，已经形成了一大批具有鲜明特色的产业集群，其中一些发展较好的产业集群已经发展成为该行业重要的生产、销售及出口基地，如广东中山古镇的灯饰产业集群、佛山石湾的陶瓷产业集群、福建晋江制鞋产业集群、温州鞋革和服装产业集群、诸暨袜业产业集群、绍兴嵊州领带产业集群等。我国其他省市也形成了许多特色产业集群，如浦东新区的微电子信息技术产业集群、北京中关村科技产业园区、深圳市电子信息及智能制造产业集群等，这些产业集群的发展不仅带动了当地就业，改善了居民生活水平，而且对当地经济发展乃至整个经济社会和谐健康发展都产生了重大影响。

　　目前，产业集群已经成为我国经济社会发展的重要经济组织形式和产业发展载体。各地政府也纷纷出台政策来保障和推进本地产业集群发展，早在 2007 年，国家层面就已经针对产业集群发展出台了相应法律法规，《关于印发促进产业集群发展的若干意见》（发改企业［2007］2897号）中明确指出了产业集群发展的总体思路和具体实施策略，努力做好产业集群发展相关工作。与此同时，省级、市级层面的文件也相继出台，以便更好地指导和促进当地产业集群发展。在政府、企业及学术界对产业集群的广泛关注或研究中，如何评价或测量产业集群竞争力是一个关键问题，也是产业界和学术界感兴趣的重点问题，因为提升产业集群竞争力不仅有助于集群内企业综合竞争力的提升，而且对于区域竞争力，甚至对国家整体竞争力提升方面都会发挥基础性的重要作用。

被誉为"工业维生素""工业黄金"之称的稀土作为不可再生的国家重要战略性资源，在改造传统工业以及发展战略新兴产业和高新技术产业过程中发挥着重要作用。中国作为全球最大的稀土储量、生产、出口及加工国家，是名副其实的世界第一大稀土资源国。在我国赣州市内发现了极为罕见且稀缺的离子吸附型中重稀土矿，该稀土矿中富含世界已知稀土矿产中的多种中重稀土元素，利用价值极高，其已经探明的工业储量占我国同类型矿产的50%。经过多年发展，赣州市已经成为我国最大的离子型中重稀土生产加工基地，具备集矿产勘探、开采、分离冶炼、深加工以及产品应用于一体的产业链，部分终端应用产品的质量达到国际、国内先进水平，在国内外稀土有色金属市场拥有较大影响力。在《国务院关于支持赣南等原中央苏区振兴发展的若干意见》（国发［2012］21号）文件中，第五条中明确指出要把赣南原中央苏区建设成为"全国稀有金属产业基地、先进制造业和特色农产品加工基地"，这将赣州稀土产业的发展上升至国家宏观战略层面，为赣州稀土产业集群发展指明了方向并提供了难得的发展机遇。

近年来，赣州稀土产业也正在积极探寻产业升级、加快产业结构调整的方略。因此科学合理地度量与评价目前赣州稀土产业集群竞争力水平显得十分有必要，通过科学合理分析找出其自身发展中存在的优劣势，进而提出切实可行的发展对策与建议，以期赣州稀土产业集群可以获得更加持续、稳定、健康的发展。而 GEM 模型作为评价产业集群竞争力的科学方法被我国研究者广泛应用于各级各类产业集群竞争力的探讨实践中。因此本书采用 GEM 模型为研究基础，根据赣州稀土产业发展现状及发展特征构建了相应的评价指标体系，从而对赣州稀土产业集群竞争力展开定性与定量相结合的分析与评价，同时在对赣州稀土产业集群竞争力水平进行准确摸排与判断后，提出相应对策建议，以期将赣州稀土资源优势真正转化为经济优势和竞争优势，从而推动其产业集群实现高质量跨越式发展，也希望本书中的研究成果可以为相关研究提供一定的理论基础，丰富产业集群竞争力理论，同时可以为政府以及稀土企业提供一定的实践指导价值。

本书得以顺利完成，最应该感谢的是自己的人生导师黄顺春教授，除此之外，还要真诚地感谢江西理工大学的张修志教授、吴一丁教授，以及时任中国稀土行业协会稀土合金分会秘书长、中国稀土协会理事的孟庆江教授，时任赣州有色金属研究所的张选旭高级工程师，时任赣州市工信委稀土科的殷俊科长，赣州市工信委办公室的李伟东副主任以及时任福建龙岩税务局的李大旌主任，感谢他们的帮助与指导。

另外，赣州市高质量发展研究院的何永保助理研究员为本书的完成提供了相当多的资料、数据，并参与了部分撰写工作，在此特别感谢。

由于作者水平所限，书中不妥之处，诚请读者批评指正。

作　者
2022 年 9 月

目　　录

第一章 产业集群及其竞争力

第一节 产业集群相关介绍

一、产业集群的概念

产业集群作为空间集聚的常见形态,在国家或地区经济发展中扮演着越来越重要的角色。目前对于产业集群概念的界定,学术界已经形成了基本一致的观点和态度。美国哈佛商学院终身教授迈克尔·波特(1990)在其《国家竞争优势》一书中,明确提出产业集群概念。他通过对 10 个发达国家的工业情况进行考察以此来研究整个国家的竞争优势,明确指出产业的集群现象是普遍存在于地区经济发展过程之中的,是由相关企业及各种支持性产业组织相互交织形成关系网络,集聚在某一区域,并以此产生的集群现象,从而使所在区域的竞争力要明显高于未形成这种集聚形式的地区。

产业集群好比是某一区域中的经济"马赛克",而这种"马赛克"式的经济现象是指在某一特定区域内,由各种类型的企业,包括各种中小企业以及大型企业,这些企业在具体的分工协作中有明显关联性,除此之外还包括各种生产供应商、服务提供机构、金融机构、科研机构、行业协会等,这些组织彼此关联又存在相互合作竞争关系,进而形成一种特定的空间地理集群现象。通俗来讲,产业集群的核心就是在某一地理空间上具有横向或纵向产业联系的各大中小企业,以及其他各种参与者高度集聚在一起,从而降低企业生产运营过程的各种交易成本,进而实现规模经济效益,提高企业和整个产业及区域经济的市场竞争优势。

二、产业集群的主要特征与分类

(一)产业集群的主要特征

产业集群的形成与当地的经济发展状况有明显关联,通常经济状况好,竞争力强的区域往往存在明显的产业集群现象，反之，存在具有明显竞争优势的产业集群的区域，其经济发展水平也往往较高，因此产业集群也展现出特定的特征。

一是具有明显的地理及空间集聚性，根植性强。产业集群现象是发生在某一特定区域内，集群内的各主体参与者在地理及空间上相互集聚在一起，以构成产业集群的最基本特征，这也是产业集群最显性的外部特征。纵观国内乃至国外各种产业集群，均是在某一地理区域中实现产业的高度集中化，各大中小企业汇聚在一起，共同编织成产业集群的地理及空间集聚现象，也为产业的规模化、集约化发展创造了巨大的地理区位优势。与此同时，产业集群的发展往往与当地的社会、文化甚至于历史、风俗习惯等因素融合在一起，产业集群与滋养其发展的土壤密不可分，已经渗透进当地区域经济发展中，带有很强的根植性，因此其他地区很难对其进行简单的复制。这也为其他区域发展产业集群提供了一定的借鉴意义，但切勿随意照搬照抄，需要因时制宜，结合本区域实际情况，充分将本区域优势特色产业发展为带有明显竞争力的产业集群。

二是产业集群内的产品具有较高的专业化水平。要形成具有明显特征的产业集群，需要在某一区域内生产特定且具有一定专业化水平的产品，同时产品在区域内具有一定的市场规模。如"中国羊绒之都"河北省清河县，形成全国最大的羊绒产业集群，该区域内集聚了全国约85%的羊绒生产与销售，该地的羊绒制品在这里大规模生产，并由此销售到全国各地乃至海外市场，由于其生产销售的羊绒制品体现出较高的专业化水平，也因此在国内羊绒市场中占据着绝对竞争优势与强劲的市场竞争力。

三是产业集群内各企业具有明显的专业化分工与合作，有较强的产业联系，拥有较为完整的价值链以及产业链体系。集群内各参与者有明显的分工与协作关系，相互交织形成利益共同体，共同构成完整的产业链体系。如中上游的材料供应商、生产商、销售商以及金融服务机构、科研院所等共同参与集群内经济活动，在产业上有密切联系。赣州南康家居产业集群作为全国重要的家具生产、销售集散地，目前已经具备了完整的家居产业链，从家具研发设计、生产、销售到售后，各个环节不断完善，智能化、数字化以及标准化水平不断提升。与此同时，南康家居产业集群内的分工越来越细致，从木材进口、家具木材烘干处理及机械化加工、五金配件安装、家具喷漆处理、产品内外包装处理、物流运输与产品配送到产品销售等，各环节实现环环相扣，分工协作能力不断增强，集群内各企业生产效率不断提升，有助于区域规模经济发展，进而真正实现产业合作分工"一条龙"。

四是具有较为复杂的关系网络。产业集群内各参与主体，不仅数量众多，而且主体种类及类型更具有多样性。参与主体除了产业集群内各企业，还包括在产业链上存在横向及纵向联系的各种参与者，如各类原材料供应商、各类服务机构、金融单位、行业协会、政府、科研机构、高校院所、各类人力服务及咨询单位等，这些个体或组织之间会产生各种社会关联，共同构成了产业集群的复杂关系网络。例如产业集群内各企业既存在合作分工关系，又存在竞争关系，彼此之间在思想、知识、技术、人才等方面的交流合作与竞争成为企业之间关系的常态化，同时企业与政府之间、行业协会以及各类服务提供机构之间同样存在着较为复杂且多样化的关系网络，这种关系网络也为集群发展提供了有利条件，会在很大程度上降低生产过程中的各种交易成本支出，如采购成本、人力资源招聘培训成本等，而这种复杂的关系网络也成为产业集群的主要特征之一。

五是产业集群的发展会出现过程性现象。通常一个地区内的产业集群从出现到不断发展与壮大，直至产生明显的地区及产业竞争优势，都会经历一个发展过程。一般而言，大多产业集群，尤其是以中小企业居多的产业集群，往往都是靠其中的小部分精英或骨干企业最先带动，通过市场自发性慢慢形成的，同时随着时间的推进，逐渐形成一定的地理空间集聚现象，随后通过当地政府的政策支持与积极引导，对产业发展进行科学合理的规范，进而不断增强产业发展规模，促使产业集群进一步发展成熟与壮大，因此产业集群的发展都会经历一个逐渐发展的过程，都需要经过时间的考验而逐渐做大做强，鲜有产业集群的发展是一蹴而就的。

（二）产业集群的主要分类

从不同角度出发便会对产业集群产生不同的分类标准，综合当前关于产业集群的研究，主要从以下几方面对产业集群展开分类。

一是从产业生产要素进行分类，该种分类标准与我国产业分类标准基本一致。产业集群主要分为：

（1）劳动密集型产业集群，也称为传统型产业集群。这类产业集群主要是以鞋帽、服装、棉纺、家具等传统产业以及农业产业为主，如浙江的领带、袜子产业集群，福建莆田的制鞋产业集群，山东寿光的蔬菜产业集群，这类产业集群需要大量普通劳动力资源，产业进入门槛较低，多以中小企业甚至家庭式小作坊为主。

（2）知识技术密集型产业集群，也称为新型产业集群。这类产业集群对高新技术以及自主创新能力要求较高，在产业发展过程中极为重视科技研发，主要指现在的各类数字信息产业集群、通信网络、智能制造、生物医药产业集群等。

（3）资本密集型产业集群。这类产业集群的发展离不开大量资本支持，对资本的依赖性较高，如汽车生产、机械制造、家电制造等，因此也较容易产生龙头企业以及具有较大影响力的产业集群，例如广州汽车产业集群、佛山家电产业集群。

二是从产业集群的形成机理或者内驱力角度出发，对产业集群可以进行如下分类：

（1）内源性产业集群，或者称为内生型或原生型产业集群。这类产业集群往往依靠于当地的资源、技术、市场等条件发展起来，并且整个产业集群经历了较长时间的自然生长与发展，具有较强的根植性与专业性，且与当地的自然环境和人文社会环境息息相关，其他区域很难简单复制其发展模式。典型的内源性产业集群如内蒙古包头的稀土产业集群、山西煤炭产业集群、鞍山钢铁产业集群等，它们均是依靠于当地自然资源而逐渐发展起来的。

（2）外生型产业集群，也称为外源型或者嵌入型产业集群。这类产业集群往往依靠外向型经济发展起来，更多依赖于外部因素驱动产业发展，如外部市场、外部资金及外部技术等的注入，与当地人文与社会环境关联性不大，如我国东南沿海以及珠三角地区的出口加工区所形成的产业集群，典型代表有广东东莞的制造业产业集群、浙江的鞋帽服装产业集群。

（3）国家及政府主导下的产业集群。该类产业集群的发展更多依赖于国家以及当地政府的政策导向及发展规划。如粤港澳大湾区产业集群、中关村产业集群等，这类产业集群发展带有明显的政策倾向。

三是按照产业集群内各企业之间的分工合作关系进行分类，主要可以分为以下几类：

（1）水平一体化型产业集群。这类产业集群内的各企业更多在产业横向发展过程中存在竞争与合作关系，在纵向分工方面表现较少，因此各企业生产的产品类型大致相同，有共同的市场和客户消费群体，产业集群内的企业普遍规模较小，多以中小型企业为主，企业之间可以进行平等交易，同时产业链较短，产品附加价值较低。如广东中山的灯具产业集群、赣州南康的家具产业集群。

（2）垂直一体化型产业集群。这类产业集群内的企业在产业链的上中下游，存在明显的垂直化分工与合作关系，产业集群内的企业通常只承担产业链中的某一专门部分，扮演专业化角色并进行专业化生产，如集群内的原料供应商、半成品及成品制造、产品销售等，该集群内往往会出现大型的龙头骨干企业，众多小企业以龙头企业为中心，为其进行专业化生产与分工合作。

（3）水平与垂直混合型产业集群。这类产业集群介于水平一体化型产业集群以及垂直一体化型产业集群之间，集群内既有大型企业进行垂直化分工合作，也有众多中小企业进行横向合作，目前国内的许多传统型产业集群正逐渐向此类产业集群发展过渡。

三、研究与发展产业集群的重要意义

（一）对产业集群内各企业的意义表现

首先，集群内各企业通过集群带动，可以加强企业间的交流与合作，不仅有助于产业链条中的分工协作，进而提高企业劳动生产效率，同时有利于提升集群内各企业对市场环境变化的灵敏性，尤其是当今社会，外部市场不断发生变化，不确定性与风险性不断加剧，这需要产业集群内各企业能够通过发挥集群效应，增强应对外部市场不确定性变化所带来的影响，降低经营风险，进而增强企业之间生产销售各方面的稳定性，从而进一步促进企业生产经营有序推进。

其次，产业集群的发展可以实现规模化发展，从而为集群内各企业降低各类交易费用以及生产运营等各方面成本，如集中化、大规模化采购原材料，可以为集群内各企业降低采购成本，进而产生规模化生产效益。与此同时，在企业运营的其他方面，如大规模人员招聘、培训等方面也会因为产业集群的规模化发展，而减少相应的成本支出。

最后，产业集群的发展可以带动集群内企业的技术创新与改革，出现知识溢出与技术溢出效应,不断推动各企业整体实力的增强。与此同时,产业集群发展水平越高,行业进入壁垒越高,越有利于保护集群内企业的稳定发展和有序竞争,避免恶性竞争等不良市场情况的出现。

(二) 对产业集群所在区域及国家竞争优势的意义

产业集群作为推动区域经济发展的重要形式与载体,也成为区域竞争优势的重要来源,在国民经济发展和社会建设中发挥着越来越重要的作用。在"十四五"发展期间,产业集群依然是我国加快经济结构调整、优化产业发展体系的重要抓手,因此鼓励和推动产业集群发展,已经成为各省市地区乃至国家层面的重要发展战略。发展和培育产业集群对区域及国家产生的重大意义,具体表现在如下方面:

一是发展和推动产业集群发展可以进一步提升区域竞争优势和国家竞争优势,有助于打造具有超强市场竞争力的"区位品牌"和"民族品牌",进而有利于区域经济水平的整体提升,从而对整个国家发展与建设均起到重要推动作用。因此各地区都在积极鼓励发展各类产业集群,使其不断发展壮大,打响区域产业发展保卫战,用产业集群发展带动区域经济向更高层次迈进,进而实现经济的高质量跨越式发展。

二是培育优势特色产业集群能够为产业集群所在区域提供大量就业岗位,带动及吸引投资、刺激消费、改善民生,同时可以加速城市建设的步伐,进而加快和完善城市基础设施建设。产业集群的发展离不开各类基础配套设施的不断完善,而相应辅助配套设施的完善又可以进一步支持产业集群发展,产业集群的发展与当地城市建设以及经济发展相互促进、共同成长。因此支持、培育和发展产业集群可以加快城市化建设,提升城市现代化水平,提高当地人民生活水准。

第二节 产业集群竞争力的发展演进

一、国外关于产业集群竞争力的发展演进

(一) 亚当·斯密的比较优势理论

在国外,古典经济学家亚当·斯密当属研究产业集群竞争力的先驱,在

1776 年发表的《国富论》中提出了绝对优势理论。亚当·斯密把一个国家内部存在的不同工种、不同职业之间的分工进行推演，进而扩展到不同国家之间的分工，并以此形成国际分工理论，而国际分工理论也成为国际自由贸易的理论基础。亚当·斯密认为，人们之间发生各种交换行为，这是一种天性使然，是为了达到利己目的而发生的一种行为，而交换行为的出现也进一步促成了社会分工的出现。分工可以提高劳动生产效率，降低生产成本，每个人会根据自身情况生产自己最有优势的产品，并与他人进行交换，以获得自身的最大利益，这对交换双方都是最有利的。按照这个思路进行推演，个人之间可以分工，那么国与国之间也可以进行分工，国家之间的分工则成为最高形式的分工，国家之间的商品交换促使国际贸易的出现。亚当·斯密认为，如果另一个国家生产的产品比本国产品更好，价格更优惠，那么本国就不要生产该产品了，而是应该用本国具有绝对生产优势的产品与其进行产品交换，进行国际贸易是为了实现"双赢"而不是"零和博弈"。同时他指出一个国家由于先天或后天等原因会在某些生产要素方面具有差异性，但是国际的分工可以提高各国劳动生产率，从而为整个国家积累财富。各国需要结合自身的先天条件和后天条件，集中力量生产在劳动生产率和生产成本方面具有绝对优势的产品，进口那些不具有绝对优势的产品。

继亚当·斯密之后，另一位古典经济学家（大卫·李嘉图）在继承和发展亚当·斯密的绝对优势理论基础上提出了相对优势理论，指出各国贸易活动的发生是基于各国生产技术水平等方面的相对优势或相对差异，并以此产生的相对成本差异。各国应该生产具有相对优势的产品并出口，进口不具有相对优势的产品，坚持"两利相权取其重，两弊相权取其轻"原则来组织国内生产。比较优势理论在更大范围和更普遍适用情况下解释了国际贸易现象，是绝对优势理论的进一步发展与完善。

总之，不论是亚当·斯密的绝对优势理论，还是大卫·李嘉图的相对优势理论，都明确指出分工、生产优势、国际贸易之间所存在的密切关系，这也是产业集群形成的重要内在因素，因此也成为产业集群最早的理论基础。

（二）马歇尔的产业区集聚理论

新古典学派创始人阿尔弗雷德·马歇尔作为英国著名经济学家，在 1890 年发表了《经济学原理》一书，被称为继亚当·斯密的《国富论》后又一世界级著作。马歇尔作为最早关注工业方面所出现的产业集聚现象的经济学家，对产业的地区性集聚做出了详尽分析，他将出现工业集聚现象的特定地区称为"产业区"，而这些产业区内集聚了大量的中小企业。马歇尔认为产业区内的这些中小企业之所以能够集聚在一起，最根本的原因是获取外部规模经济，而外部规模经济的获取正是依靠众多性质相似的企业在某特定区域内大量集聚而获取的，外部规模经济对中小企业来讲十分重要。与此同时，马歇尔也分析了为什么集聚在一起的众多企业比单个企业具有更好的经济效益，这是因为产业区内的集聚可以实现和享受劳动力市场的共享、投入产出关系的专业化以及知识技术外溢所带来的巨大红利，这将有助于集聚企业生产效率的不断提升，因而具有更强的市场竞争力。

马歇尔提出的产业区集聚理论，也为人们了解产业集群的基本特征而奠定了理论基础。马歇尔将"产业区"定义为一种由历史因素和自然条件所共同限定的区域，该区域内的各中小企业相互之间积极作用，使企业群和社会不断实现融合。与此同时，为了进一步对产业区做出详尽解释，马歇尔指出产业区具备的6个特征，分别为：与所在集聚地区相同的价值理念和协同创新环境；在生产关系上具有垂直联系的企业群体；丰富的人力资源配置；具有理想的市场环境，即不完全竞争市场；企业群之间存在竞争与合作的关系；本区域内富有特色的信用系统。这6个特征也成为最早描述产业集群特征的基本理论。

（三）韦伯的区位集聚经济理论

工业区位经济学家韦伯首次提出了集聚经济（agglomeration economics）概念，其代表作是《工业区位论》。他把产业集群分为两个阶段：第一个阶段是企业依靠自身小规模的简单扩张，并以此带动产业向着集聚化方向发展，从而引起产业发展的集中化，这是产业集群的初级发展阶段；第二个阶段主要是靠大企业的规模扩张带来了成本的节约和经济利益的不断增长，并以完整的组织方式集中于某一区域，进而引发更多同类企业不断出现与集聚，此时产生的大规模显著经济优势就是有效的地方性集聚效应。韦伯把产业集群归结为四个方面的因素，分别是技术设备的发展、劳动力组织的发展、市场化、经常性开支成本。韦伯提出的工业区位理论成为产业集群发展的动力源，为今后产业集群竞争力研究提供了新的发展思路。

（四）克里斯塔勒的中心地理论

进入到20世纪，频繁的经济活动加剧了集聚现象的出现与发展进程，在这个过程中，城市（聚落）成为区域经济发展中的重要着力点，发挥着越来越重要的作用，德国地理学家克里斯塔勒首次把城市（聚落）作为焦点，并以此对市场面与网络展开分析与探讨，最后通过大量研究提出了"中心地理论"。该理论阐述了某一区域内各中心地的分布以及各自规模的界定，他认为城市存在的基本功能和意义是可以为周边地区提供产品和服务，中心地的范围不能单单依靠人口数量来评判，往往最重要的中心地可能不是人口数量最多的，但是却处于最关键的交通地理位置，并能够为周边提供大量的产品和服务。克里斯塔勒提出的"中心地理论"作为研究城市群以及城市化发展的重要理论基础，为后续产业集群理论的深入研究提供了全新的研究思路与研究视角，为区域经济和产业集群研究奠定了理论基础。

（五）迈克尔·波特的产业集聚理论

当代产业集聚竞争理论的集大成者迈克尔·波特，作为哈佛商学院终身教授，公认的当今世界竞争战略与竞争力领域的第一权威，被誉为"竞争战略之父"，他从竞争力角度系统分析了产业集群现象，并对产业集群给出了较为明晰的概念，他认为所谓产业集群就是在某一区域，各相关性企业、供应商、服务机构、政府、协会等组织集聚在一起而形成某种特定的产业集聚现象。迈克尔·波特指出集群不仅有利于降低企业交易成本，提高劳动生产效率，而且有助于不断改进员工激励机制，并且可以创造出专业化制度，进而提高集群内企业的市场竞争力，与此同时，有助于为产业指明今后的发展方向，进而不断促进新企业的成立和发展，这将是一个良性发展和循环的过程。波特在研究国家竞争优势时，提出了由四种关键要素，即生产要素、需求要素、相关产业与支持性产业以及企业战略、企业结构和同业竞争，所形成的"钻石体系"理论，也被称为"钻石模型"（如图1-1所示），用以分析和研究不同国家之间的竞争力问题，从而为人们提供了一种全新的方法和视角来解释国家或地区竞争地位。

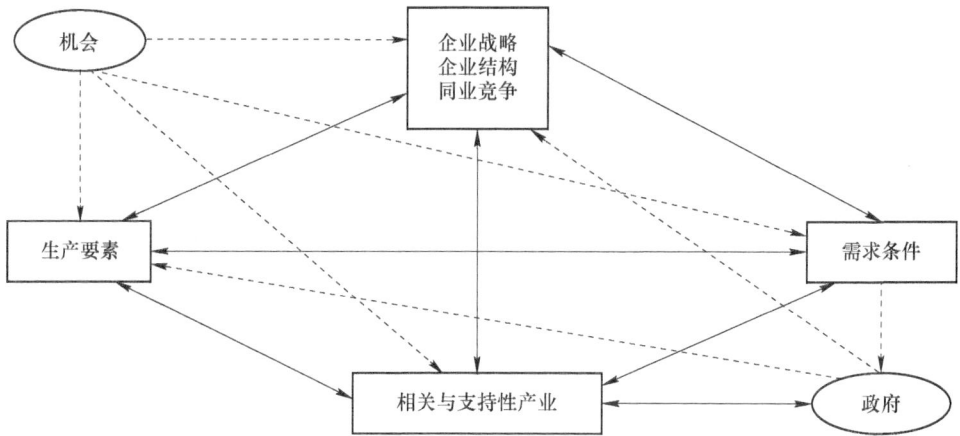

图 1-1 波特完整的"钻石模型"

综上所述，国外产业集群相关研究范围主要集中在产业集群的形成机理、组织机构创新、产品技术创新、社会各项资本以及经济增长与产业集群的关系研究等方面。国外众多学者分别从不同角度出发对产业集群展开探讨并取得了显著效果，他们大多数是运用传统经济理论对产业集群现象展开分析，并在此基础上做出了相应总结与归纳，为日后产业集群研究奠定了坚实的理论基础，有助于系统且完整的产业集群理论的最终确立。随着世界各地产业集群的不断发展与壮大，社会各界对产业集群理论的研究深度和广度也在不断增大，产业集群理论体系和框架也在不断地发展与完善。

二、国内关于产业集群竞争力的发展演进

20 世纪 90 年代以来，随着改革开放的持续深入推进，人们开始逐渐学习国外各种先进的经济管理理论，而产业集群相关理论也在迅速蔓延和传播，鉴于我国基本国情，国内的学术界人士对产业集群的涉猎领域主要集中在产业集群竞争优势和产业集群竞争力上。考虑到当时我国产业集群所处的发展阶段，在 2010 年之前，国内学者对产业集群的研究相对较少，更多的是对产业集群的形成机制以及当前产业集群的竞争优劣势展开相应的分析与研究，并在此基础上提出提高产业集群竞争力的对策与建议。

仇保兴（1999 年）出版的《小企业集群研究》是当时国内为数不多的关于产业集群的相关文献之一，他指出小企业集群是介于纯市场和层级两种组织之间的一种特殊组织形态。同时仇保兴根据产业集群发展状况对产业集群进行了分类，并对产业集群的形成机理、演化趋势等方面进行了较为系统的分析。

北京大学王缉慈教授（2001年）在《创新的空间——企业集群与区域发展》一书中对改革开放以来国内产业集群发展现状进行了较为详细的分析与阐释，同时在书中详细论述了产业集群在空间集聚所具有的独特优势，对产业集群与区域经济发展关系进行了深入论证与分析。与此同时，王缉慈教授指出产业集聚具体从三个方面来提升区域竞争力，并以此促进区域经济发展。首先产业集聚可以带来外部经济，其次相互邻近的企业通过相互交流从而彼此建立信任机制，以便在交易过程中减少成本支出，再次企业集聚在一起可以促进知识传播与外溢，有助于企业创新。王缉慈教授作为当时国内最早关注和系统研究产业集群的专家，在对产业集群相关问题展开深入研究的过程中，还翻译了众多国外关于产业集群的相关文献专著，为国内产业集群的发展起到了重要的推动作用，为后来大批学者的进一步深入研究奠定了基础。

熊军（2001年）通过分析指出了产业集群发展的动力机制由四个方面构成，分别为创新的互补型机制、创新的压力机制、创新的交易费用机制和创新的知识外部型机制。蔡宁、吴结兵（2002年）研究发现集群的竞争必须具备一定的竞争优势，而要拥有和具备这种竞争优势必须要对创新所需要的资源禀赋等条件进行重新整合。陈剑峰（2003年）从知识的视角对产业集群能力展开了相应研究，他指出产业集群竞争优势的根源在于产业集群所拥有知识的根植性，而产业集群中员工的知识存量和知识增量的大小则决定了产业集群竞争力的大小。

刘善庆、叶小兰（2005年）和王海平（2009年）分别建立产业集群竞争力的评价指标体系，并用层次分析法研究产业集群竞争力。颜炳祥、任荣明（2007年）采用层次分析法（AHP）模糊评价研究中国区域汽车产业集群竞争力，构建了较合适的区域汽车产业集群竞争力评价模型，以此来评价和比较我国各区域汽车集群的竞争力。王婉珍（2008年）从嵌入性的视角研究产业集群竞争力，提出了产业集群应追求一种"适度嵌入性"。李文博（2009年）用网络分析的方法研究产业集群竞争力，建立了指标非线性组合关系的多属性综合评价决策模型与算法，并加以利用，为评价产业集群竞争力提供了一种新的思路。

王珍珍（2008 年）从全球价值链（global value chain，GVC）视角研究我国产业集群的竞争力，在波特"钻石模型"的基础上构建适合我国产业集群竞争力提升的"双钻石模型"，并且分析在 GVC 下"国内钻石"的变化趋势，提出我国产业集群竞争力提升的路径选择。徐顽强、李华君（2009 年），高山、王静梅（2009 年），吴思静、赵顺龙（2010 年）从 GEM 模型的视角分别对武汉光电子产业集群竞争力、江苏医药产业集群竞争力和高新技术产业集群竞争力展开相关研究，并且在对其各自竞争优劣势分析的基础上，各自提出了提升产业集群竞争力的若干条对策。喻春光、刘友金（2008 年）则从创新网络的视角出发构建了 GEMN 模型，该模型是在 GEM 模型基础上加以改进形成的，从而丰富和扩展了对产业集群竞争力进行定量评价的系统方法。

相比国外而言，国内产业集群研究起步较晚，研究更多的是定性的理论分析，缺乏较为严密的定量分析与实证研究，总体来说是理论多于实践，并且针对性并不是特别强。随着国内各地产业集群的迅猛发展，产业集群已经成为国民经济建设的重要载体和新的地域经济发展特色，国内学者对产业集群的研究如火如荼，从中国知网检索输入"产业集群""产业集群发展"字样，时间设定为从 2011 年至今，可以搜索到大约 1 万篇相关学术论文。学者们对产业集群研究的深度、范围和广度在不断扩大，除了对产业集群展开定性分析之外，为了可以进一步对产业集群竞争力有更加全面、客观的判断，越来越多的学者对产业集群竞争力进行了定量分析，从而可以更加精准地把握产业集群发展水平。总体来看，目前关于产业集群的相关研究主要体现在以下几点：

（1）产业集群研究的对象和范围更广，不仅有传统产业集群，如各类制造业产业集群、农业产业集群、资源型产业集群，还有聚集了更多研究焦点的第三产业、新兴产业以及创新型产业，如旅游业、生物制药、电子信息、互联网、体育产业、新能源、电子商务、海洋产业、各类新兴示范产业等，几乎囊括了所有的产业发展类型，这不仅反映出目前形式多样的产业集群在国内发展迅速，而且再次印证产业集群对区域经济发展的带动作用。

（2）对产业集群进行定性分析，主要研究产业集群的形成机制、产业发展现状以及竞争优劣势，进而对其发展路径进行分析，并通过对现有情况的研究来评价产业集群的发展水平及市场竞争力水平，在此基础上提出相应的对策建议，以期可以提升产业集群竞争力水平，实现持续、稳定、健康发展。

（3）对产业集群展开定量分析，通过一定的数据和研究模型进行实证研究，如使用 GEM 模型以及改良后的 GEMI 模型、GEMS 模型，运用层次分析法、模糊评价法等对特定的产业集群进行较为科学、合理、准确的分析与研究。如赵雨萱（2022 年）运用 GEM 和 AHP 模型对江苏省旅游产业集群竞争力展开深入研究，在对其产业集群竞争优劣势分析基础上，提出相应的对策建议，以此来提升竞争力。米俊（2021 年）通过选取广东、山西和四川等 16 个省份的有效样本数据，从价值共创视角对军民融合产业集群创新效能测度展开相应实证研究，研究发现价值共创活动会对军民融合产业集群产生一定的影响，为实现军民深度融合发展提供重要借鉴价值。

（4）将产业集群与某一影响其竞争力水平的因素进行综合分析，例如产业集群与人才激励、政策支持、品牌价值以及与其他相关因素协同发展的研究，这进一步丰富了产业集群的研究视角，更加与现代化经济建设主题相契合。如曾可昕、张小蒂（2021 年）通过对数字商务与产业集群外部经济这两者之间的协同演化展开具体分析，以探求产业数字化转型的新路径，通过二者的协同演化可以使外部经济规模不断拓展，促进企业资源要素配置能力和组织绩效不断提升，从而使数字商务与产业集群外部经济协同发展。

三、国内关于稀土产业集群及其竞争力的研究

由于我国作为全球稀土储量最大的国家，拥有丰富的稀土矿产资源，因此稀土产业集群也成为我国重要的资源型产业集群，在经济建设方面发挥重大作用，国内学者针对稀土产业集群也展开了广泛且深入的研究。为了更好地对目前国内稀土产业集群的研究进行梳理，特从两方面展开，一是针对稀土区域划分，二是从产业经济学角度对整个稀土产业进行文献梳理。

（一）从稀土资源分布区域的角度展开研究

鉴于我国稀土资源"北轻南重"的分布现状以及产业发展情况，基本呈现出以北方内蒙古、包头轻稀土为主的生产基地和以南方七省为主的离子型稀土矿，尤其是江西省赣州市为代表的中重稀土矿生产加工基地。因此国内学者对稀土产业集群及其竞争力的研究也主要围绕这几大稀土生产基地展

开。尤其是进入 21 世纪以来,国家对于发展稀土产业集群的重视程度不断提高,因此自 2000 年至今,国内众多学者始终保持对稀土产业集群的研究热度,尤其是自 2011 年之后,学者们对于国内稀土产业集群研究的范围和深度存在明显增强趋势。按稀土分布地区来看,主要对内蒙古包头稀土产业集群和江西赣州稀土产业集群进行大量研究。

1. 国内学者对内蒙古及包头稀土产业集群竞争力的研究

姚卫华 (2003 年) 对包头稀土产业集群发展现状进行研究,指出目前产业集群存在着技术落后、产业链短、附加值低等问题,并指出稀土企业经营者素质不高,有待进一步提高,同时指出目前稀土产业集群缺乏合理可行的产业规划,并在此问题和发展现状基础上,说明了发展壮大稀土产业集群的必要性,并对如何加快包头稀土产业集群发展提出了相应的策略。

贺海钧,宋洪芳 (2006 年) 全面剖析了包头稀土产业发展现状及发展特点以及目前存在的问题和面临的处境,同时运用产业集群的经济发展模式来研究包头稀土产业集群,并在此基础上为推动产业发展提出了一系列对策建议,指出包头稀土产业集群化的发展不仅有助于提升包头稀土产业的整体市场竞争力,而且对于促进整个包头地区经济的全面飞速发展都产生了重要且深远的意义。

王小平 (2007 年) 对包头稀土高新技术产业开发区的稀土产业集群化发展进行了探讨,指出目前包头稀土产业集群发展态势良好,产业已经初具规模,产业链不断纵向延伸,产业价值链不断优化提升,但是在发展过程中也逐渐暴露出一系列问题和短板,制约了稀土产业集群的进一步发展,如科研水平不高、研发系统不够完善、有效的风险投资机制尚未建立等。最后又分别从产业结构、政府宏观调控、技术创新、人才支撑、稀土资源战略储备等方面对提升包头稀土产业集群发展提出了相应的对策建议。

任诗蕊 (2008 年) 对包头稀土产业发展现状进行了深入研究,指出其发展结构已经发生明显变化,稀土行业治理与宏观调控成效明显,稀土园区建设成效已经初步显现,为稀土产业发展提供重要平台。但是在稀土产业发展的同时也暴露出许多问题,如产业结构不合理,龙头骨干企业数量少规模小,生产工艺相对落后,产业链短小,产品附加值低,资金短缺现象严重,科技人才短缺,环境问题突出,这极大地影响和限制了包头稀土产业的进一步发展。在分析了包头稀土产业发展现状及存在问题的基础上,又分别从招商引资力度、拓展区位品牌、鼓励技术创新等方面提出了针对性的对策建议，以加快包头稀土产业持续健康发展。

鲍海峰、张平（2009年）分别从发展机遇、政府、生产要素、市场需求、企业竞争与战略、相关与支援性产业6个方面对内蒙古稀土产业集群化发展的相关支撑因素展开较为详尽的分析。同时又分析了制约内蒙古稀土产业集群化发展的因素，如产业结构不合理、产业链条不健全、企业融资环境不完善人才供需矛盾突出等，最后针对存在的问题，有针对性地提出提升内蒙古稀土产业集群竞争力的对策建议以及相应的路径选择。

黄家骅、祖刚（2009年）指出目前内蒙古稀土产业集群已具有一定的产业发展规模和生产能力，产业集群雏形已基本形成，并从生产要素、产业及企业角度剖析了内蒙古稀土产业集群的发展优势，并客观地指出了其制约条件，并在此基础上从产业层面和政府层面上探讨了增强内蒙古稀土产业集群竞争力的对策建议。

张平、鲍海峰（2010年）指出近年来我国稀土产业受到金融危机的严重冲击，经受了前所未有的发展考验，但是这样的大环境大背景也为我国解决稀土产业发展困境提供了难得的契机。他们从金融危机的大背景下，客观探讨了内蒙古包头稀土产业集群化发展过程中的各种制约因素以及所面临的发展机遇，并在此基础上提出稀土产业集群化的各种对策建议。

张平、黄家骅（2010年）指出发展特色产业及特色产业集群对推动区域经济发展具有重大意义，详尽地分析了内蒙古稀土产业集群化发展的现状以及发展过程中存在的各种问题，并在此基础上提出提高内蒙古稀土产业集群竞争力的对策建议。

陈景辉、赵颖（2011年）指出长期以来，尽管稀土产业作为内蒙古的特色产业，然而并没有将丰富的资源优势真正转变为经济优势和竞争优势，也没有形成具有核心竞争力的产业集群。为了实现内蒙古稀土产业集群的快速发展，则需要充分整合稀土资源优势，将产业链不断延伸与优化，将产业集群的开放性进行不断扩大，使产业集群逐步嵌入到全球价值链体系中，逐渐由产业链的中上游向下游及后段移动，提高产品附加值，进而实现更多产品价值增值，从而进一步推动内蒙古稀土产业集群发展，不断提升产业集群整体市场竞争力。

白雪、谢丹（2011年）从增长极理论的视角下从资源、宏观政策、市场等方面对包头稀土产业集群发展建设现状及存在的问题展开分析，并在此基础上提出了通过加强稀土产业建设来培育地区增长极，进而推动地区经济发展。

陈靖（2013年）对内蒙古稀土产业集群内稀土的出口现状进行分析，指出目前存在的问题，并在此基础上提出相应的发展建议与对策。

谭珩、林青彪等（2017年）对内蒙古稀土产业发展现状进行分析的基础上，着重对其稀土产业税收政策存在的问题，包括增值税、企业所得税、资源税展开详细分析，并在此基础上提出一系列完善稀土税收政策的建议，以促进内蒙古稀土产业健康发展。

徐亚楠（2018年）结合国家处于产业发展大变革的背景下，对内蒙古稀土产业供给侧改革内容中的专利创新方面展开了详尽研究，通过研究指出，运用专利创新策略来进一步驱动稀土产业深入发展，对稀土产业发展路径不断优化，补短板促发展，不断提升稀土产业综合市场竞争力，进而打造内蒙古经济发展的制高点，推进产业发展新动力。

韩兴国（2019年）运用SWOT分析方法对内蒙古稀土产业集群进行全面分析，明确了其发展的优势、劣势、机会和威胁，指出内蒙古作为全国最大的轻稀土生产基地，具有丰富的资源优势、良好的产业基础，并取得了显著的发展成效。但是在资源利用率、高端产品研发以及环境保护方面仍存在很大问题，制约了产业集群的进一步发展，因此需要对症下药，加大科技研发，提高资源利用率，加强环境保护，进而推动内蒙古稀土产业集群持续发展。

马宝林（2021年）通过对包头稀土产业链发展现状进行梳理分析，研究发现，经过多年发展包头稀土产业链取得长足进步，但是也存在一些制约稀土产业进一步发展的问题，其中生产高端产品的能力较弱，现阶段产品附加值低，产业链结构不合理等问题较为突出，为了推进稀土产业集群持续发展，需要努力提升稀土产业链的现代化水平及科技水平。

王媛（2022年）以包头轻稀土为例来研究资源税对稀土开发利用外部性成本的补偿效应，多年来我国稀土资源价格一致处于低价位运行，原因之一便是没有将稀土开发利用的外部性成本考虑进去，而资源税则是解决该问题的一剂良药。为了进一步科学测度资源税对稀土开发利用外部性成本的补偿效应，作者分别采用使用者成本法和治理者成本法对其外部性成本进行核算，结果证实征收包头轻稀土资源税对外部成本的补偿率达到57.38%，在此基础上提出需要进一步加大环境保护投入力度，完善稀土定价机制和外部性成本补偿机制，以推进包头轻稀土持续稳定发展。

2. 国内学者对江西赣州稀土产业集群竞争力的研究

杨杰、焦海宁（2009年）指出蕴藏丰富且珍贵的中重稀土矿的江西省赣南地区，普遍存在资源浪费、粗放生产、滥采乱挖、生态环境污染严重、产能过剩、低价销售、恶性竞争、应用滞后、缺乏创新等一系列问题，并没有将丰富的资源优势真正转化为经济优势，也没有形成具有核心竞争优势和经济效益的特色优势产业集群。同时还指出赣南地区的稀土产业普遍存在着产业链短小、产品附加值低的问题，这在很大程度上限制了赣南稀土产业的发展。在此基础上进一步对赣南稀土产业发展现状展开深入剖析，并指出应该强化稀土资源保护力度，对稀土开采量及出口量严格把控，同时加大科研投入与技术研发，提高产品附加值，延长产业链条，加速行业整合力度，不断培育龙头企业，加强环境保护，实现绿色可持续发展。

谢芳俊（2012年）指出目前赣州稀土产业集群发展态势良好，正逐渐向规模化和高端化发展，在稀土产业集群快速发展过程中对金融服务的依赖性在不断增强，这也为赣州市金融业发展提供了难得的契机。在此发展背景下，对赣州市资源产业集群与当地金融业二者相互融合的现状及存在的问题展开分析，指出资源产业集群链中的绝大多数企业尚处于中低端的产业发展阶段，抗击市场风险能力较弱，极易受到外部市场波动的不良影响，加之企业本身的综合素质较低，在获取金融支持方面阻力较大，金融风险突出，这会在很大程度上了阻碍两者相互融合的力度。在针对现状及问题展开分析的基础上，又提出了加快实现二者融合发展的对策建议。

通过查阅相关文献可知，在2012年之前，针对赣州稀土产业集群的研究非常少，且仅仅停留在对其产业发展现状的描述层面上，虽然在一定程度上分析了赣州稀土产业的竞争优劣势，但是对于目前赣州稀土产业集群所处的竞争力水平并没有进行详尽的分析，也仅是停留在定性分析层面，而针对赣州稀土产业集群竞争力水平的定量分析则几乎没有涉猎。但是在2012年之后，关于赣州稀土产业集群的研究就相对较多，不仅研究的视角和范围更加多样化，而且研究得更加深入。

徐水太（2014年）对赣州稀土产业可持续发展展开相应研究，分析了目前影响赣州稀土产业集群可持续发展的各种制约性因素，如环保问题、技术创新不足、资源利用率低、产业链短小等突出问题，并在此基础上有针对性地提出发展建议，以推动赣州稀土产业实现可持续发展。

曾国华（2015 年）分别从资源储量、资源价值、生产能力、技术水平、盈利能力角度切入来分析赣州稀土产业竞争力，通过研究发现目前赣州在资源价值、生产能力等方面在中重稀土产业中具有一定市场竞争优势，但由于本身资源价值原因导致竞争优势较为脆弱，因此为了进一步提升赣州稀土产业竞争力水平，需要整合产业链，加强研发，多措并举。

任高锋（2018 年）分别从专业化经济层面、劳动力市场经济层面、知识外溢层面，通过外部性视角下对赣州稀土产业集群和谐发展进行分析与研究，找出目前赣州稀土产业发展存在的问题，并在此基础上从外部性视角下提出相应对策建议以促进赣州稀土产业和谐发展。

赖丹（2019 年）选取赣州离子型稀土矿为代表，以此来研究目前我国离子型稀土产业发展困境，在新形势和新背景下，赣州稀土产业乃至全国离子型稀土产业都要依据我国稀土行业现行的各种管理政策，根据稀土产业发展特点，准确把握稀土产业的未来发展趋势，努力寻找合适的发展道路，以便更快更好地走出稀土产业发展困境，实现破局增长。

江磊、马光正等（2022 年）以赣州支柱产业稀土产业为例，研究资源型支柱产业对城市化的影响，通过构建产业与城市化耦合协调评价体系，同时运用劳动力指数评价方法对 2010～2019 年赣州稀土产业对城市化的影响进行全面评估与综合分析，研究发现赣州稀土产业与本地城市化发展二者之间不仅相互联系而且具有很强的相互关联性，因此可以通过推动赣州稀土产业集群发展来推动城市化进程，用产业的高质量发展提升城市发展水平。

（二）从产业经济学角度对稀土产业集群展开相应研究

1. 稀土产业链视角下相关研究

罗翔（2015 年）从产业链视角下对我国稀土产业升级的效率和风险展开分析研究；吴一丁（2015 年）从产业链角度出发对稀土产业集群内上市企业的经营绩效展开研究；余晨（2018 年）从产业关联角度对我国稀土矿采选业与产业链上下游的关系展开相应研究；许振亮（2019 年）对稀土产

业中游专利技术的研发热点展开详尽分析，以明确专利技术在产业发展中的重要地位；吴一丁（2021年）对稀土产业链发展现状及产业链延伸的价值所在、产业链延伸所遇到的障碍等方面做了具体说明与研究。

2. 稀土产业政策、产业规制与管理方面研究

周美静（2020年）运用PSR模型对我国稀土产业发展政策演进的动因展开分析，并运用系统动力学因果反馈图描绘了稀土产业发展政策演进机制，以此得出中国稀土产业政策演进的相关原因；苏利平（2021年）以我国自改革开放以来所颁发过的252份重要稀土产业政策为研究依据，分别从稀土资源开发政策、资源保护性利用政策、稀土开发环境保护政策、稀土资源国际贸易政策、稀土应用技术政策5个方面具体展开，以此来对我国稀土产业政策内涵以及演进趋势展开详尽分析。

3. 稀土产业市场定价方面研究

余敏丽（2017年）从稀土资源的采掘、加工与交易定价3个方面对我国稀土交易定价改革机制展开研究；严佳佳（2019年）运用定量方法对我国稀土定价权的动态演变过程进行分析，进而为稀土政策的制定提供可行性依据；高丽（2017年）、张璐（2018年）、袁中许（2019年）分别从不同角度切入对我国稀土产业定价权的缺失问题展开相应研究。

4. 稀土产业结构调整及发展趋势方面研究

王仲山（2016年）、贾银松（2017年）、韩港（2017年）、王世虎（2018年）、李文龙（2018年）、朱铭岳（2019年）、田晓楠（2021年）等均从供给侧结构调整改革视角下对我国稀土产业发展展开相应的研究与探讨，以期国内稀土产业可以获得持续稳定健康的发展。

通过对国内稀土产业集群相关研究文献进行梳理，不难发现以下研究共性：

一是我国拥有丰富的稀土资源，具有明显的资源优势和产业发展优势，经过多年发展，我国稀土产业体系不断完善，产业链水平不断提升，整体竞争力明显提升，这些发展成绩得到了国内学者的广泛认同与肯定。

二是在发展过程中暴露出一系列问题与短板，如环境污染、科研水平较弱、产品附加值低、产品售卖价格与价值不符、产能过剩等制约国内稀土产业发展的因素，这些在国内众多学者的研究中均不程度地体现出来。

三是从多角度、多渠道探索提升产业集群竞争力的策略建议以及发展路

径。结合当前国家供给侧结构调整、产业升级的背景下，国内学者从多角度切入探讨稀土产业转型升级以及未来发展之路。

本 章 小 结

产业集群作为区域竞争优势的重要来源，自改革开放以来在我国区域经济建设中发挥着重要作用，产业集群的存在不仅可以降低集群内各企业的交易成本、提高生产运作效率，通过知识及技术外溢提升区域创新水平，而且有助于形成区域品牌效应，带动就业，改善民生。尤其是在"十四五"期间，产业集群更是成为推动现代产业体系建设以及产业结构升级转型的重要载体，推动产业集群发展成为提升区域以及国家竞争力水平的重要内容。伴随着产业集群的快速发展，国内政府、企业、学者对产业集群研究的热度和深度不断加强，通过对产业集群形成机理、优势来源、产业发展现状、竞争力水平等进行全面系统分析，找出影响和制约产业集群进一步发展的关键性因素，有的放矢、对症下药，对各个薄弱环节各个击破，这需要政府、企业、相关组织等齐心协力共同提升产业集群竞争力水平，促进产业集群获得持续稳定健康发展。

第二章　稀土资源与稀土产业发展概况

第一节　稀土资源概述

稀土是元素周期表中的镧系元素的总称，分别为镧（La）、铈（Ce）、镨（Pr）、钕（Nd）、钷（Pm）、钐（Sm）、铕（Eu）、钆（Gd）、铽（Tb）、镝（Dy）、钬（Ho）、铒（Er）、铥（Tm）、镱（Yb）、镥（Lu），加上与其同族的钪（Sc）、钇（Y）总共 17 种金属元素，目前已经探明的稀土矿有 250 种。芬兰化学家加多林在 1794 年最早发现稀土，他从一块类似沥青的重质矿石中将第一种稀土元素钇进行成功分离，最后一个稀土元素钷是在 1947 年被发现的，前后经历 153 年，才使得所有的稀土元素被全部发现。因为在当时发现的稀土元素少之又少，而且提炼出的氧化物不溶于水且形似土，受限于当时的技术水平与认知状况，因此被称为"稀土"。按照元素原子量以及元素的物理及化学性质，对稀土元素进行分类，以此分为轻稀土、中稀土以及重稀土元素，其中前面 5 种元素被称为轻稀土，其余的则称为中重稀土，其中重稀土具有更强的战略应用价值。

其实稀土元素在地表中的富集度并不少，只是分布较为分散，目前在包含中国在内的 37 个国家境内均发现了含有稀土元素的矿床，范围涵盖亚洲、欧洲、非洲、南美洲、北美洲、大洋洲在内的六大洲。总之，稀土资源的绝对量较大，但是真正能够被开采成为可供使用的矿产资源则较少，而且全球稀土资源分布不均。根据 2012 年 6 月《中国的稀土状况与政策》白皮书中公开的数据可知，在已经探明的稀土资源中，中国的稀土资源数量约占全球储量的 23%，约为四分之一。作为名副其实的稀土资源大国，中国不仅稀土储量丰富，而且稀土矿种品类多样，稀土元素齐全，是全球唯一可以全部提供 17 种稀土元素的国家。与此同时，中国稀土资源矿分布范围较广，但在一定程度上又相对集中，矿床类型单一，矿产品级高，具有极高的资源开采及利用价值。我国国内的稀土资源主要分布于内蒙古包头的白云鄂博地区、江西赣南地区、广东以北区域、四川凉山、福建龙岩等地，除此之外，全国其他省市也先后发现不同的稀土矿床，但是储量相对较小，目前国内稀土已经形成"北轻南重"的分布特点，即以内蒙古包头白云鄂博地区为代表的轻稀土，以及以江西赣州为代表的南方各省的中重稀土。与此同时，中国以23%的稀土资源承担了全球90%的稀土供应，其中60%～70%的稀土产品出口到国外，为全球稀土供应及产品应用做出重大贡献。

除中国之外，美国、俄罗斯、巴西、印度、澳大利亚、南非、越南、马来西亚、缅甸等国家也分布着较为丰富的稀土资源。其中美国作为全球稀土储量较为丰富的国家，其稀土储量约占世界的13%，其稀土资源主要为氟碳铈矿、独居石，以及在挑选甄别其他矿物时，可以作为副产品并加以回收利用的黑稀金矿、硅铍钇矿以及磷钇矿。全球最大的单一氟碳铈矿就位于美国加利福尼亚的圣贝迪诺县的芒廷帕斯矿，这也是美国最大的稀土矿，储量高达500万吨，该矿山是在1949年对放射性矿物进行勘探时发现的，但是在1998年该矿被封存。美国在独居石方面，不仅储量丰富而且开采时间较早，其中位于美国佛罗里达州的格林科夫斯普林斯矿开采数量最大，但是目前该矿已经停止开采。除此之外，美国其他地区也有大量砂矿分布，并且储量也较为丰富，例如北卡罗来纳州、南卡罗来纳州、佐治亚州、爱达荷州以及蒙大拿州。目前美国国内没有稀土加工产业，其中约80%的稀土金属与稀土化合物的进口来源于中国。

俄罗斯的稀土储量也较为丰富，其稀土储量约占世界的19%，俄罗斯的稀土资源多为伴生矿床，主要分布于极北地区的科拉半岛，稀土则存在于碱性岩中的磷灰石中，磷灰石中大约有29%～34%的稀土含量，除此之外，在赫列比特以及森内尔也发现氟碳铈矿。

澳大利亚的稀土储量约占世界总储量的5%，澳大利亚的稀土矿床主要为砂矿，主要分布于西部沿海地区，作为独居石生产大国，澳大利亚的独居石主要是作为生产锆英石、金红石以及钛铁矿的副产品并加以回收和再利用的，与此同时，澳大利亚也生产磷钇矿，在昆士兰州中部艾萨山的采铀的尾矿、南澳大利亚州罗克斯伯唐斯铜、铀金矿床等也发现可供人类开发与利用的稀土资源。

印度的稀土储量约占世界稀土总储量的3%，其主要稀土矿为分布于砂矿中的独居石。印度的独居石生产最早可以追溯到1911年，其中最为有名的则是位于西南海岸的恰瓦拉和马纳范拉库里奇地区的特拉范科大矿床，该矿床在 1911~1945 年间的供应量约占世界独居石产量的 50%，到现在为止，特拉范科大矿床依然是印度最重要的稀土生产基地，与此同时，在印度的独居石中含有丰富的钍元素，具有较高的经济价值。

加拿大的稀土储量也较丰富，其主要稀土是从铀矿中提取出来的副产品，其中最主要的铀矿是位于加拿大境内的安大略省布来恩德里弗-埃利特地区，该矿主要是由沥青铀矿、钛铀矿、独居石以及磷钇矿构成，与此同时，在魁北克省的奥卡地区所富集的烧绿石矿，也是加拿大本国较大的潜在稀土资源。

南非是非洲地区最重要的独居石生产国，位于开普省斯廷坎普斯克拉尔的磷灰石矿所伴有的独居石则是南非最主要的稀土矿区，也是世界上唯一的单一脉状型独居石稀土矿。此外，在位于东海岸的查兹贝的海滨砂矿中发现了稀土元素的存在，同时在布法罗萤石矿中也发现了独居石和氟碳铈矿作为伴生矿存在于矿石之中。

巴西作为全世界生产稀土最为古老的国家，早在 1884 年就已经对位于国内东部沿海地区的独居石砂矿开展相应的开采工作，并把开采出的矿石销往德意志帝国，在当时曾名声大噪，现如今巴西依然是世界稀土主要的原材料供应商之一。东南沿海地区分布着巴西最主要的独居石稀土资源，主要从里约热内卢到北部的福塔莱萨地区，其总长约 643km，不仅矿床规模大、储量丰富，而且稀土品类高。

整体来讲，全球稀土资源在世界呈现分布不均衡的现象，对稀土资源的合理高效利用也成为各国抢占未来战略制高点的关键，因此依靠技术进步、科技创新实现对稀土资源的充分合理利用，并对稀土资源及稀土产业进行合理规划与科学引导必将意义重大。

第二节　稀土的主要用途

稀土作为一种不可再生的重要战略性资源，在某些特定的关键性领域，稀土与其他元素的关系更像是 1 和 0 的关系，有了稀土，其他元素的存在才显得有意义，若缺少稀土的存在，其他元素便缺少存在的价值，尤其是在高科技领域。例如目前在新能源、航空航天、节能环保、电子信息、智能科技等领域，稀土元素已经成为不可或缺的工业元素，也被称为"工业维生素""工业黄金"以及"新材料之母"。在现实生活中，我们都可以见到稀土应用的身影，小到智能手机、电子屏幕、数码相机，大到卫星、雷达、导弹、潜艇，稀土无处不在。作为一种不可再生的战略资源，稀土为农业、工业、军事等各领域的迅猛发展提供重要的元素支持，成为新技术研发及新材料制作生产的重要且关键性资源，因此也被称为"万能之土"。稀土应用十分广泛，在农业方面、石油化工方面、冶金工业方面、玻璃陶瓷方面、医疗医用方面、纺织工业方面及军事领域方面均发挥着重要作用。

一、稀土在农林及养殖业方面的用途

将稀土肥料、稀土农药等用于农业生产中，将使各类农作物产生提质增产的功效。用一定浓度的稀土化合物与农作物种子搅拌在一起并进行播种，可以使种子更好地生根发育，出苗率大大提升，同时适量的稀土元素作用于农作物中可以使其根系更为发达，提高植株生长活力，可以进一步吸收土壤中的水分及各类养分，进而促进农作物生长。与此同时，将适量稀土喷洒于农作物叶片上，可以增加植物中的叶绿素含量，进而强化植物光合作用，促进生长与代谢，强化植物对营养元素的吸收、转化与利用，进而提升植物抗旱、抗涝、抗寒等灾害的抵抗能力。除此之外，稀土元素还可以使果树的结果率提升，使果实中的含糖量、维生素等营养含量大大提升，让果品的质量与品质得到极大改善，同时降低虫害侵袭。稀土元素用于动物养殖业中也有显著效果，将适量的稀土元素搅拌在饲料中，让动物通过食用饲料使稀土元素进入体内，促进体内酶的活性，强化新陈代谢，进而使动物各项机体活动更为活跃，从而促使动物可以更好地吸收各类有益物质，实现营养元素的吸收转化，让动物的生长发育、产蛋、产奶及各类养殖畜牧业产品的品质与产量得到明显提升与改善。同时，动物摄入稀土元素可以增强自身机体的抗病毒能力以及自身免疫能力，更好地抵御病毒及细菌对动物身体的侵害，降低养殖畜牧业的损耗，进而保证养殖业的有序推进，从而推动农业生产不断提质增效。

二、稀土在石油化工方面的用途

稀土在石油化工方面也具有重要用途，常被作为各类催化剂以及合成剂

添加到石油冶炼过程中。自 20 世纪 60 年代,稀土便被广泛应用到我国石油化工领域中,并且取得了显著发展与长足进步。

稀土可作为催化剂适量地加入炼制原油过程中,相比于传统的催化剂,稀土展现出更好的选择性与更高活性,应用稀土可以使出油量更高。在合成工业橡胶过程中加入稀土催化剂,可以使橡胶合成过程更加平稳顺畅,让橡胶的各种物理化学特性、阻燃性以及各种加工处理特性得到明显提升与显著改善,进而使合成出来的橡胶品质更优,从而与天然橡胶在整体品质上更为接近。在处理汽车尾气的催化剂中加入适量稀土元素,可以使催化剂的稳定性与活性更好,具备更强的抗重金属中毒能力,进而将使用寿命大大延长。在涂料及颜料的生产过程中,也同样离不开稀土,将稀土作为各类颜色的固化剂、催干剂,制备出各类稀土发光颜料。总之,在石油化工生产过程中,添加稀土元素作为各类催化剂可以充分释放稀土效能,提高产品各方面的综合性能,大大提升资源利用率,提高产业发展效率。

三、稀土在冶金工业方面的用途

稀土在冶金工业方面也有广泛用途。由于稀土元素具有较为活泼的化学性质,可以与多种元素发生相互作用,进而产生各类较为理想的合成性材料,因此在钢铁冶炼以及有色金属生产过程中,只需要加入千分之几乃至万分之几的稀土元素,就可以轻松将金属材料中的各种有害杂质进行完美清除,从而让金属的性能得到明显改善与显著提升。例如在钢铁冶炼的过程中,仅需要在钢中加入微量的稀土,便能使原本已经十分优异的钢展现出更大的优质特性,让其变得更加"坚强",并将其使用寿命大大提高,使其具备更强的耐高温、耐腐蚀、耐氧化的特性,进而让钢的优异特性发挥到极致。

我国自 20 世纪 80 年代开始,就已经成功破解了将稀土元素加入钢冶炼过程中所出现的技术难题与障碍,从而使我国钢的产量和质量获得迅速提升,为整个经济社会的发展建设提供了坚实的基础保障。在钢冶炼过程中加入适量的稀土元素,可以将冶炼过程中产生的氧化铝、硫化锰等杂物中的氧和硫进行合理置换,进而形成各种稀土化合物,让钢液中的杂质变少,进一步让钢液得到净化处理。稀土元素在与钢冶炼过程中产生的杂物中的相关元素进行化学反应,并生成的各种稀土化合物,因为其熔点较高,因此能在钢液凝固之前就可以析出，从而降低结晶过程中可能出现的过冷度现象，这也进一步减少钢的偏析，并可以让钢的凝固组织得到进一步细化。将稀土加入钢中，冶炼过程中产生的硫化锰会被稀土硫化物或氧化物所替代，这类稀土氧化物具备更小的变形塑性能力，从而使钢的韧性大大提升，并使钢的整体抗疲劳性能得到极大改善。把稀土加入钢中后，可以使钢的内锈层密度加大，并且提升与基体的结合能力，有效阻止大气中的水分以及氧气的扩散，从而降低钢的腐蚀速度，进而延长钢的使用寿命与使用年限。

从 20 世纪 60 年代开始，我国就已经在稀土与铁的作用机理以及各类处理工艺和技术手段方面展开相应的研究，取得了显著成功，稀土球化剂冶炼、稀土孕育剂冶炼制造以及稀土具体的添加方式等技术难题被先后解决，使我国铁的冶炼技术与水平处于领先地位。在铸铁过程中加入稀土元素，可以使石墨由片状形态变为球状形态，减少受力集中，并使铁的铸态组织不断细化，从而不断提升铁的性能。同时在铁水中加入稀土元素，可以发挥除氧脱硫的功效，避免在铸铁过程中因为氧、硫等有害杂质与铁结合而产生气泡、缝隙，同时稀土还能消除铁水中的各类有害化学元素，如锌、铋、铅等带来的不利影响，并且能够提升铁水的流动性，减少铸铁过程中因为偏析以及热裂等不良因素所带来的材料缺陷与铸铁损耗。总之，在铸铁过程中加入稀土，可以使铁的韧性、强度以及塑性得到全面提升与改善。

同样由于稀土具有活泼的化学特性以及较大的原子半径，因此在有色金属及各类合金中加入稀土，依旧可以起到事半功倍的效果，使得金属的物理力学性能以及加工使用性能大大改善。

四、稀土在玻璃陶瓷方面的用途

稀土在玻璃陶瓷生产过程中也具有重要作用，稀土氧化物或者经过特殊加工处理的稀土精矿可以充当为一种抛光粉，在生产各类眼镜片、光学玻璃、显像管及平板玻璃等中将其加入，会产生特殊功效。其中，在玻璃熔炼过程中，可以利用稀土来使玻璃中的铁含量降低，以此让玻璃中的绿色得以顺利脱除。在玻璃生产过程中，加入稀土氧化物可以制造出具备不同性能和用途的光学玻璃材料以及特种玻璃，其中便包括耐高温、耐酸的玻璃、透过红外线并吸收紫外线的玻璃、防 X 射线的玻璃等，不断让玻璃产品的种类扩大以及性能提升。

在陶瓷以及瓷釉生产过程中，加入适量稀土元素，可以将瓷釉发生碎裂的可能性大大降低，进而提高产品成品率，同时能够使生产出的制品产生不同的颜色，散发出不同的光泽度。电视机显示屏上同样离不开稀土，只需要将一层薄薄的稀土荧光粉涂在电视显示屏上，色彩斑斓的万千世界便可以自然真实地呈现在观众面前。同样，将稀土荧光粉涂在各类灯管的内壁中，那么灯管不仅亮度更高，发出的光亮也更加柔和，而且比普通灯具更加节能与环保。

五、稀土在医疗卫生方面的用途

在医疗卫生领域，稀土同样发挥着神奇的功效。在 X 射线检查仪器的增感屏生产中掺入稀土元素，可以将患者动态脏器诊断画面的清晰度大大提高，从而使医疗诊断水平以及病灶判断准确率得以进一步提升，从而提高整个医疗诊断的精准度，同时可以降低 X 射线对人体照射时间，从而减少对患者的辐射伤害。在核磁共振检查仪器中加入稀土元素，可以将两个邻近组织的对比度进一步提升，使内脏器官图像的清晰度得以更好提升与改善，进而强化核磁共振成像。在疾病治疗中，稀土元素对肿瘤组织有较高的亲和性，可以将患者体内的有害自由基得以清除，从而降低癌细胞中的某些含量水平，保证患者生命健康。同时，稀土化合物可以用于医疗止血，不仅止血效果明显，而且止血持续时间长。与此同时，低浓度的稀土化合物具有抗炎、杀菌的作用，使用含有稀土元素的药物对各类皮肤炎症、牙龈炎、静脉炎以及鼻炎等多种炎症都产生明显的疗效与作用。

六、稀土在纺织、皮革等轻工业领域中的用途

将稀土运用到纺织、皮革等轻工业领域是我国稀土研究应用的另一大标志性成果，随着多年持续不断的研究，稀土普及应用程度在不断提高，工艺水平与技艺不断成熟，取得了显著的经济和社会效益，稀土在该领域的应用前景将十分广阔。目前稀土在纺织及皮革方面的主要作用是参与皮毛上色、皮革鞣制、棉毛纺以及各类合成纤维的印染等环节，稀土的印染上色是在原有传统的纺织染色工艺基础上，通过加入适量稀土元素，并加以改造传统工艺而形成的一种新的印染上色工艺。

在稀土助染方面，只需要将稀土放入各类强酸、弱酸以及酸性媒介燃料

中，就可以轻松实现助染功效。用稀土助染不仅可以使各类纺织用品的上染率提升，而且可以使纤维和燃料的亲和度得以调整，从而使染色更为牢固，并可以使纤维外在的光泽度以及质量程度提升，同时提高手感柔软度和亲肤程度。与此同时，由于用稀土进行助染使得其上染率提升，便可以减少化学染化剂以及水的使用量，可以降低对环境及地表水的污染，并减少废水的排放量，从而有助于实现绿色可持续发展。

在稀土助鞣方面，用稀土助鞣剂不仅可以提升皮革制品的质量与品质等级，而且可以降低生产成本，进一步提高劳动生产效率。在对皮革进行鞣制过程中，加入稀土混合鞣剂可以使铬的用量大大减少，从而可以减少在皮革生产过程中所排放的废水对环境带来的不利影响。同时运用稀土鞣剂，可以使皮革制品的品级提升，不仅皮革制品的革表面更加光滑紧致，皮表面更加柔软，而且整个皮毛的色泽光亮度更高，手感更蓬松，同时可以减少皮革制品的异味，并且更加耐洗与耐用，产品品质得到更好保障。与此同时，在纺织工业中运用稀土，可以将纺织产品的抗菌以及阻燃性能发挥到最大，整体提升产品品质，从而在纺织皮革领域产生更好的经济社会效益。

七、稀土在军事领域方面的用途

稀土因为其独特的物理和化学性质而具有广泛应用，除了传统行业之外，稀土也被广泛应用到尖端科技及军事工业领域，具有极为重要的战略价值，尤其是军用重稀土，也被称为"战争金属"，在高科技军事武器的关键核心部位发挥重要且关键作用，极大地影响武器装备的各项性能，其价值甚至可以与石油相媲美。

与传统的武器装备相比，新型高科技武器具备更容易操控、更灵敏、更精准的明显优势，这些也从中体现和展现了当今高新科技手段、新型材料、网络信息技术等集中合作的巨大军事成就。而稀土的广泛应用也体现在现代军事领域方面，换言之，全世界军事领域的飞速发展离不开稀土元素的助力。美国已经把稀土元素作为掌握当今先进武器装备重要战略制高点的关键性材料，甚至有宣言称美国之所以能够在之前的各种局部战争中获得胜利，一定程度上得益于美国在稀土领域所掌握的高超技术，例如，美国的导弹"爱国者"号能够精准且轻松地击毁伊军的"飞毛腿"导弹，很大程度上受益于美国"爱国者"导弹系统中加入了重达 4kg 的钕铁硼磁体和钐钴磁体，并把它们用于电子光束的聚焦。

稀土作为当今世界最具有战略意义的重要资源，已经引起各国军事的高度重视。稀土由于其自身的化学特性较为活泼且具有较大的原子半径，因此能与多种金属生成稀土合金，如稀土镁合金被广泛用于导弹、战斗机等军用武器的制造中，不仅可以减轻飞行器自身重量，而且能够提高飞行武器装备的战斗能力。除此之外，铝钪合金也被广泛应用于武器制造中，如美国 F-22 隐形战斗机机身外面就应用了大量的稀土镁合金以及稀土钛合金。目前我国已经成功研制出具有自主知识产权的高性能稀土铝钪合金材料，并应用于舰艇、高端兵器装备等领域。除此之外，含有稀土元素的各种夜视器材，也是坦克等武器在作战平台上不可缺少的重要装备材料。

八、稀土在新能源、新材料、新产业方面的用途

稀土作为一种新型且优质的永磁材料，同时稀土永磁作为稀土下游重要的应用领域，是继第一、第二代钐钴永磁材料之后的第三代稀土永磁材料，目前主要为钕铁硼永磁材料，由于其具备高磁能积、高剩磁力以及高矫顽能力，也因此享有"永磁之王"的美誉，用稀土永磁材料替代其他普通的永磁材料，不仅可以使磁机性能大幅提升，而且可以将机器体积与重量实现成倍下降。目前稀土永磁材料在磁性材料中的占比达 63.4%，加之当前在我国大力发展新能源产业以及推动数字化智能制造，稀土永磁材料将成为今后及未来数字化、智能化产业发展的重点。由于目前我国大部分新能源汽车制造厂商使用的依旧是锂电池，而锂电池中的锂矿原材料以及金属钴、镍材料主要依赖于进口，这也使我国新能源产业在一定程度上受制于国外，锂矿原材料以及金属钴、镍材料价格不断上涨造成近年来新能源汽车的价格也出现上涨趋势，不利于整个市场以及产业发展。因此，在当前的新能源产业发展大背景下，发展稀土永磁材料也将越来越重要，稀土的应用也将更为广泛。与此同时，稀土永磁材料在智能机器人制造、传统产业转型升级过程中也发挥着越来越重要的作用。

本书以上所列举了稀土在各行各业所具有的广泛用途，但是稀土的应用绝不仅限于此，随着科技水平的不断进步，稀土更多深层次的应用正在被全面开发与利用，也必将在今后的经济发展以及社会建设方面发挥越来越重要

的作用，稀土的战略性意义将更加凸显。在当今社会，需要进一步重视稀土的重要战略价值，通过科技赋能，将稀土的价值发挥到最大，真正推动我国产业实现数字化、智能化、绿色化发展。

第三节　国内稀土产业发展现状

中国拥有较为丰富的稀土资源储量，经过半个世纪的发展，目前我国已经形成了涵盖稀土矿产勘探、开采、冶炼分离、深加工及产品应用的完整产业链，作为全球最大的稀土生产、加工及出口国，我国的稀土分离冶炼技术长期稳居世界领先地位，以23%的资源储量贡献了全球90%的稀土产量及市场供应。近年来中国正积极探索稀土产业转型升级，用科技创新赋能稀土产业链全线升级，努力由稀土资源大国向稀土强国迈进。

中国稀土资源禀赋分布呈现出"北轻南重"特点。轻稀土矿主要分布于我国的内蒙古包头等北方地区，四川凉山也存在部分轻稀土，其中内蒙古包头的白云鄂博地区的稀土储量占全国稀土储量的83%左右，是全国最大的轻稀土开采生产基地。我国南方的离子型矿中有全球70%以上的重稀土资源，主要分布于江西、福建、广西、广东等省份。南岭地区的离子型中重稀土矿已经发展成为全国重要的中重稀土生产基地。

中国地域辽阔，境内的稀土资源类型丰富，包括各类独居石矿、氟碳铈矿、离子型矿、褐钇铌矿、磷钇矿等，稀土元素丰富，种类齐全。其中南方的离子型中重稀土具有极高的战略价值，在世界稀土资源中占据重要地位。

自改革开放以来，中国的稀土产业迎来了飞速发展时期，这得益于我国科技水平的不断提升，使国内稀土产业在地质勘探、开采、冶炼分离以及产品应用方面均取得重大进步，稀土产业规模不断扩大，产业集聚程度不断增大，为国民经济和社会发展提供了重要的战略资源保障。与此同时，中国作为全球唯一可以全部供应17种稀土元素的国家，同样为世界稀土产业的发展贡献了巨大力量。目前，中国已经形成完备的工业体系和稀土产业链，可以生产的稀土产品品种数量达400个，涵盖100多个产品规格，随着冶炼分离、深加工以及产品应用的技术水平不断提升，中国生产的各种稀土材料，如稀土永磁材料、磁性材料、储氢材料、发光材料、抛光材料等占世界总产量的 70% 及以上。中国的各类终端产品，如永磁电机、镍氢电池、节能灯等应用产品，为世界各国尤其是发达国家，对于高新技术产业发展过程中对稀土材料以及稀土应用产品的需求均提供了充足的市场供应，满足了其发展需求。中国稀土产业发展迅速，但是在发展过程中也暴露出一系列问题，也因为此而付出了巨大的代价，主要表现在以下几个方面：

（1）资源遭到过度开发，稀土资源浪费严重，资源利用率低。经过长期的超强度开采，中国稀土资源保有量以及稀土资源保障年限呈现连年下降趋势，主要矿区资源的衰减速度不断增大，不少矿山资源甚至出现枯竭现象。内蒙古包头的主要稀土矿区仅剩下三分之一的资源储备量，南方离子型稀土矿储采年限也在不断缩减。由于南方离子型稀土大多处于深山，地处偏远，林密山高，矿区比较分散且矿点众多，当地政府在实施监管方面面临着较大的难度，同时政府监管成本高，非法开采、过度开发现象较为严重，使当地矿产资源遭到严重破坏，同时为了过分追求眼前的短期经济利益，过去部分企业采富弃贫、采易弃难现象也较为严重，造成矿产资源的严重浪费，同时资源利用率及回收利用率较低，这也进一步加剧了珍贵稀土资源的二次浪费。

（2）生态环境遭到严重破坏。稀土矿在开采、冶炼分离及加工过程中，都会对当地的生态环境造成不同程度的破坏，尤其是在矿山开采的前期阶段，受制于当时的开采条件和技术水平，采用的生产工艺及技术较为落后，对地表植被造成了严重破坏，造成矿区内的水土流失、土壤酸化以及地下水污染，使当地农作物大量减产甚至于绝收，给当地居民的生命健康安全以及财产造成巨大的损失和威胁。虽然现在的生产工艺与技术已经十分先进，但是仍会产生一定的氨氮废水以及重金属污染物，从而对地表植被、水源和农田造成破坏。如轻稀土在冶炼过程中会释放出大量有毒气体、高浓度废水以及带有放射性元素的工业废渣，严重危害社会公众的生命健康，对生态环境也造成了严重破坏。由于历史遗留问题，目前稀土资源的生态欠账较多，加强对稀土矿区的生态环境保护与恢复治理，加速实现稀土产业的绿色生产，也成了新时代对稀土矿区新的发展要求与时代挑战。

（3）产业结构不合理，产品附加值低。我国稀土开采冶炼存在产能过剩现象，下游产业链较短，在稀土材料研发及终端产品应用方面的技术水平与发达国家相比仍存在一定差距，技术研发与工艺相对滞后，产业结构不合理，上中游低端产品产能过剩，下游高端产品产能匮乏，产品整体附加值低，在核心技术的掌握与专利申请方面落后于发达国家。稀土产业集聚程度较低，以中小型企业为主，大型龙头骨干企业数量较少，稀土市场存在"小""散""乱"现象。

（4）稀土价格与其自身价值严重背离，出口走私现象依旧存在。由于在稀土矿产开采初期，乱采乱挖现象较为严重，加之产能过剩，市场竞争混乱，稀土价格长期处于低迷状态，同时稀土多以半成品、成品等初级产品形式出口，与此同时，虽然国家海关等相关部门对于稀土走私实现严格管控，加大打击力度，但是稀土产品的出口走私现象依然存在，这让珍贵的稀土资源曾经一度被卖出了"白菜价"，稀土的战略价值没有通过价格得到真实反映，稀土资源的稀缺性与不可再生性也没有得到合理体现，由此造成的生态环境损失也没有得到有效补偿。近年来随着国家对稀土资源的整体调控，加之国际市场环境变化，稀土价格呈现不断上涨趋势，这对稀土产业发展呈现利好态势。

稀土作为不可再生的重要资源，在国民经济与社会建设过程中发挥着不可替代的战略价值。为了进一步规范稀土产业，更好地落实稀土战略储备，国家不断完善稀土产业管理法律法规，2011年出台《国务院关于促进稀土行业持续健康发展的若干意见》，2012年颁布《中国的稀土状况与政策》白皮书，为国内稀土产业发展指明前进的方向。"十四五"期间，工信部发布的《"十四五"原材料工业发展规划》，进一步对稀土开采、冶炼规模进行科学调控，引导稀土产业有序参与国际、国内市场竞争与合作，提升稀土产业国际化水平，使稀土产业朝着绿色化、集约化、智能化方向发展，不断转变行业发展方式，调整优化产业结构，建立统一、规范、高效的行业发展体系。与此同时，加强行业技术创新，通过科技引领、技术赋能产业高质量发展，让中国的稀土资源优势真正转化为经济优势，真正实现由稀土资源大国向稀土强国迈进。

本　章　小　结

被誉为"工业维生素""工业黄金"之称的稀土作为不可再生的重要战略性资源，被广泛应用到国民经济建设的各方面，尤其是新兴高科技领域的发展更是离不开稀土的广泛使用，稀土资源正发挥着越来越重要的作用，稀土战略性资源的地位也更加突出。我国拥有全球最大的稀土资源储量，作为稀土生产加工大国，经过多年深入且持续发展，目前我们已经形成了完整的稀土产业链，稀土产业获得长足进步，但是在发展过程中也暴露出一系列短板和问题，需要凝神聚力，进一步补齐短板，延长稀土产业链，完善稀土整个产业化体系，坚持技术创新引领，不断打造稀土产业创新高地，用科技赋能稀土产业高质量发展，真正将稀土产业做强做大。

第三章 赣州稀土产业集群发展概况

第一节 赣州稀土产业集群发展现况

世界稀土看中国，中国稀土看赣州，赣州拥有全国重要的中重型稀土资源，其中已经探明的稀土储量为 92 万吨，保有离子型稀土产量 45 万吨，其中包括 15 种稀土元素。经过多年发展，目前赣州稀土产业已经形成集地质勘探、矿山开采、分离冶炼、深加工、应用以及检验检测、科研教育为一体的综合产业链，产业集群效应不断增强，同时通过科技赋能，推动稀土产业链不断向后延伸，稀土产业各方面均取得显著成绩。稀土产业作为赣州市支柱产业，连续三年实现企业营收倍增态势。2019 年年底，78 家规模以上稀土企业实现营业收入 269.59 亿元，同比增长 16.1%，利润达到 13.33 亿元。2021 年赣州有色金属产业规模以上企业营收 1377 亿元，产业规模占全国稀土产业总量的三分之一，赣州稀土钨新型功能材料产业集群被列入全国首批战略性新兴产业集群。2022 年企业营收有望突破 1800 亿元，力争到 2025年，赣州市有色金属产业集群产值打破 2000 亿元大关，着力打造出具有国际影响力和竞争力的稀土稀有金属新材料产业集群。

近年来，赣州以打造具有国际竞争力的产业集群为发展目标，多措并举，坚持创新驱动发展，打造产业创新高地，不断将产业集群做大做强，进一步推动稀土产业实现绿色持续高质量发展。为了更好地推动稀土产业转型升级，实现创新发展驱动，赣州市积极搭建各类科研平台，大力推动科技创新，因为产业要实现真正意义上的创新发展，拥有具有自主知识产权的高新技术是必不可少的。2019 年，全国稀土高质量发展论坛在赣州举办，2020年 1 月中科院稀土研究院在赣州挂牌成立，结束了赣州没有国家级科研院所的历史，同时国家稀土功能材料创新中心成功获批建设，创建了国家钨与稀土产品质量监督检测中心等一大批科研创新平台，为赣州稀土产业发展提供了坚实的科技研发基础。

　　赣州不断加大稀土资源综合整治和产业重组力度,以龙头大企业的资金为纽带,通过对集群内企业进行重组、合并、联合等多种形式,提升产业集群集聚度。2015 年 3 月,作为全国六大稀土集团之一的中国南方稀土集团有限公司在赣州正式成立,这不仅标志着赣州稀土产业转型升级迈出了坚实且关键性的一步,而且对赣州稀土产业集群集聚度的增加产生重大历史意义。通过资源综合整合、集约化生产、重组联合等一系列举措,赣州将原来分属于 9 个具有采矿权法人的 88 个稀土矿山统一整合到中国南方稀土集团,实行"对矿山开采、加工、经营及管理进行统一规范与综合整治管理",通过对稀土资源的整合利用,稀土产业的生产效率和产业集中度大幅度提升,有助于赣州稀土产业集群化发展。

　　赣州市每年投放 5000 万元资金,主要用于支持稀土新材料深加工及产品应用的研发生产,进而推动稀土产业科技创新与技术升级改进,促进产业向高端化、智能化、数字化方向转变。同时对于在技术研发方面做出突出贡献的企业给予奖励,截至目前,赣州稀土产业累计获得的科技专利数量已经超过 1000 个。通过长期的不懈努力,其中稀土新材料及产品应用领域占全赣州市稀土产业的比重由之前的 23%上升至 40%,稀土产业链不断延伸,产品附加值不断提升,高端产品应用不断拓展,稀土企业效益实现连连攀升。

　　在赣州稀土产业发展中,永磁材料是其产业链中一部分以及重要分支。当前钕铁硼永磁材料作为现代工业中关键且基础的稀土材料,被广泛应用于国民生产建设的各方面,对经济建设及国民生活产生重要的战略意义。近年来,赣州永磁材料产业依靠自主知识产权和技术创新,以科技为重要抓手和着力点,不断打造产业创新高地,其主营业务收入占赣州稀土产业总值的三分之一,经过多年持续深耕发展,赣州涌现出一大批稀土龙头企业,在稀土产业方面发挥了重要带头示范作用。这一个个龙头企业就是赣州稀土产业迎来重大发展的缩影,是稀土产业集群发展最好的诠释与产业名片。江西金力永磁科技股份有限公司作为产业集群内的优秀企业代表,也是习近平总书记 2019 年 5 月 20 日调研走访赣州时的首站地,金力永磁作为专业研发、生产、销售高性能钕铁硼永磁材料的一家上市高科技公司,致力于新能源与节能环保应用领域,发展成为全球有影响力的高性能稀土永磁材料生产商。多年来不断加大科技创新力度,始终坚持核心技术引领,牢牢把握技术创新这一企业命根子,凭借自主知识产权和专利技术创造出具有核心竞争力的高质量稀土产品。2021 年，金力永磁投入 1.6 亿元用于科技研发，同比增长 55.23%，实现发明专利累计授权 26 项，授权新型专利 29 项的卓越成绩，2021 全年企业营业收入达 40.8 亿元，同比增长 68.78%，仅第一季度营业收入就突破 15.09 亿元，实现同比增长 90.17%。金力永磁预计在未来持续加大研发投入，加强人才培育，通过科技创新与技术引领，提升产品核心竞争力，不断扩展全球业务板块，在激烈的市场竞争中占据有利地位。

在赣州像金力永磁这样的龙头骨干企业还有很多，如赣州晨光稀土新材料股份有限公司、赣州虔东稀土集团股份有限公司，目前已经与世界知名企业建立了长期稳定的战略合作关系，赣州富尔特电子股份有限公司荣获江西省"瞪羚"企业荣誉称号，江西荧光磁业有限公司、龙南龙钇重稀土科技股份有限公司等 25 家企业成功进入稀土相关细分领域全国 20 强行列。它们作为赣州稀土产业的龙头骨干企业，通过技术创新、潜心经营均交出了一份份高质量发展的满意答卷，透过这些优秀企业的成长，可以清晰地看到赣州稀土产业正在实现跨越式大发展，正式进入稀土产业发展的黄金时期。

稀土作为重要的且不可再生的战略性稀缺资源，必须要通过科技创新赋能产业发展，同时深化产业改革，切实推动稀土产业实现高质量发展，迈向更高阶段的发展之路。近年来，国家先后出台国字号文件来支持赣州稀土产业发展，在《国务院关于支持赣南等原中央苏区振兴发展的若干意见》国发〔2012〕21 号文件中，第五条中明确指出要把赣南原中央苏区建设成为"全国稀有金属产业基地、先进制造业和特色农产品加工基地"。该文件的出台真正将赣州稀土产业集群发展上升至国家战略层面，也为今后赣州稀土产业发展提供了难得的机遇与契机。

为了进一步规范产业集群发展，推动稀土产业向着更加高效化、规范化、集约化方向发展，赣州市政府也在不断积极探索新一轮产业转型升级的发展方略。在对赣州稀土产业发展进行全面梳理与情况摸排之后，赣州市委、市政府审时度势制定了"中国稀金谷"战略规划，并于 2015 年年底正式实施，以赣州高新区为核心，赣州经开区、龙南经开区为重要区域，形成"一核两区"发展规划。自 2018 年以来，"中国稀金谷"已经累计投入 128 亿元用于基础设施建设与开发，新增工业用地 4050 亩。同时赣州积极推进建设国家级钨与稀土产业计量测试中心，并于 2021 年 9 月正式出台《赣州市稀土钨稀有金属产业发展规划（2021—2025 年）》，通过建立链长制议事机制，旨在打通稀土产业链条上下游，实现企业全链条生产运作，上下联动，着力提升赣州稀土产业链发展的稳定性，进而提高市场核心竞争力。与此同时，根据目前赣州稀土永磁材料产业规模化发展所迸发出的巨大优势与未来发展潜力，赣州提出"打造千亿级稀土永磁电机产业基地"战略，赣州市重点打造稀土永磁电机产业园，将稀土永磁电机及配套设备的研发和制造作为重点战略部署项目，积极加大和拓展产品应用场景，进一步延伸产业链条，不断加强与新能源汽车、工业机器人、高端装备等先进制造业的联系，实现耦合式联动发展，聚力打造千亿级全国有影响力、全球有知名度的永磁电机产业。

"十四五"期间，赣州通过稳健的政策支持，依托技术创新与科技引领，实现高性能稀土钨功能材料、永磁材料、发光材料、永磁电机及变速器、稀土催化材料、硬质合金刀钻具、钴盐前驱体等稀土产业高质量跨越式发展，不断将赣州稀土产业打造为全国乃至全球有影响力的稀土产业高质量发展示范引领区，真正让赣州稀土产业成为全国科技创新高地。

在取得一系列成绩的同时，也可以清楚地看到，一段时期以来，由于一些地方和部门受各自利益驱动，一度出现过度开采、无序经营、稀土分离冶炼低水平重复建设的现象，不仅造成乱采滥挖、资源浪费、水土流失现象严重，而且造成低端产能过剩、产销严重失衡、市场恶性竞争、税费大量流失，以致出现珍贵的稀土资源被卖出了"白菜价"，加上国内外市场疲软，出口受阻等因素影响，导致全行业效益整体持续滑坡，企业经济效益低下。独特的资源优势不仅没有发挥应有的经济效益，而且随着宏观经济环境的变化和行业结构性矛盾的日益显露，稀土企业普遍负债累累、举步维艰，反而成为制约产业经济发展的沉重包袱。同时，由于缺乏必要的整体布局和长远发展规划，导致稀土产业矿山开采、金属冶炼能力大，分离子能力单体规模小，深加工和应用环节薄弱，产业链条不完整，产品附加值低，从而严重制约了赣州市稀土产业化、集群化发展的进程。

赣州拥有得天独厚的稀土资源优势，要将手中资源优势这一王牌，通过技术创新及科技引领打出一手漂亮的好牌。伴随着国家级新举措、新政策的不断出台，不仅为赣州稀土产业提供了政策支持，也为赣州稀土产业明确了前进方向，与此同时，伴随着中国科学院稀土研究院在赣州挂牌，中国稀土集团顺利落户赣州，这都为赣州稀土产业提供了更高层次的发展平台，带来前所未有的发展契机。接下来赣州稀土产业需要不断修炼内功，逐渐走出一条适合自身的高质量发展新道路，在国内及世界舞台上绽放出夺目的光彩。

第二节 赣州稀土产业集群集聚度识别

一、赣州稀土产业集群边界的界定

一般所见到的产业集群是一个较为模糊的概念，并没有清晰的轮廓，这也为准确真实地评价产业集群竞争力增加了一定的难度，然而要想客观、准确地对某一产业集群竞争力进行评价分析，首先要做的就是对其边界范围进行清晰定位。

确定边界范围是一个相对而言十分复杂的问题。一些国家使用行政区划的方式对产业集群的边界进行界定，例如意大利将其本国的产业集群划分为199 个产业区，这种方法操作简便，可以节省工作量，但也存在明显缺点，因为该方法仅仅适合那些处于初级发展阶段的产业集群，而对于那些发展较为成熟的特别是跨区域延伸的集群，则不能准确地反映出其真实发展情况。此外，波特在《国家竞争优势》一书中指出，定量地判定集群范围是认识集群的前提，因此他设计了产业集群表法，以此来解决集群的边界界定问题。其他的方法还有区位商和投入产出法、空间规模法、产业细分法、动力机制法（Jory Meyer，2003 年）等。

然而，由于在我国集群统计资料的相对缺乏，且数据资料的系统性较差，加之我国绝大多数产业集群均处于发展的初、中级阶段，因此可以考虑用行政区划的方法来对集群的边界进行界定。这里需要说明和强调的是同一集群可以由不同的行政区划来界定，但是应该选择最接近集群规模的行政区划来进行界定，这样可以最大可能地与产业集群发展的真实情况相一致。

张建华、张淑静（2006 年）认为对于自发型产业集群来讲，其产业集群边界是指所有依赖并服务于相似市场、具有主导产业的众多企业及相关产业企业和支撑服务机构间通过分工合作，按产品的纯部门分布于特定区域内所建立的具有经济技术联系的所有成员集聚在某一特定的地理区位上，具有明显的地理性及区位特征。与此同时，研究指出产业集群边界包含垂直边界、水平边界、交易边界和地理边界四个方面，但是基于考虑到对产业集群所在区域经济发展的相关统计分析工作，因此将产业集群边界的研究确定为在垂直边界、水平边界以及交易边界基础上的地理边界。

与此同时，相关研究同样认为，产业集群边界就是指所有依赖并服务于相似市场，在特定区域内由主导产业、相关产业及支撑服务业共同建立的经济技术联系中涵盖的所有成员在某一特定区域范围内集聚，而这一特定的地理区域范围则可称之为产业集群边界。

鉴于以上研究，本书研究的赣州稀土产业集群边界，采用地理行政区划的方法来确定。因此赣州稀土产业集群边界具体指赣州市管辖下的18个县市级区域（3个市辖区、1个县级市、13个县以及1个国家级经济技术开发区），而赣州稀土产业集群则指聚集在赣州市辖区内所有稀土企业以及相关配套企业以及机构组织所形成的整体。

二、赣州稀土产业集群集聚度识别

（一）产业集群集聚度识别方法

在区域层面产业集群的评价研究中，识别产业集群的常见方法主要有波特案例分析法、投入产出分析法、主成分分析法和区位商 LQ（location quotient）法。

1. 波特案例分析法

波特案例分析法主要通过访谈法、调查问卷，同时需要结合全球出口贸易统计和国民账户，对产业优势进行模型分析，重点关注影响产业的各因素之间的相互关联程度，并以此来分析产业集群的集聚程度，进而评价产业集群的市场竞争力状况。该方法运用国家出口贸易比重来确定优势产业，这很大程度上限制了相关数据资料的获取，加之各国在贸易数据方面的统计路径不一致，一定程度上增加了数据搜集的难度系数，同时较为依赖于专家的主观分析与判断。

2. 空间基尼系数（G 系数）

空间基尼系数指20世纪初意大利经济学家基尼，根据洛伦茨曲线发现了评价一个国家和地区居民收入分配公平的指标，随后经济学家把该指标应用于判断和研究产业集群集聚程度，这种判断产业集群集聚程度的方法主要是考虑到产业集群是作为一种具有地理集中程度较高的经济现象这一明显特征而进行具体的分析与判断。

　　空间基尼系数是通过比较某一地区或区域的某一产业就业人数占该地区全部就业人数的比重以及该地区全部就业人数占总就业人数的情况来判断该地区或区域内某一产业集聚程度。其公式为：

$$基尼系数\ G = \sum_i (X_i - S_i)^2$$

式中，X_i 为 i 地区就业人数占全国总就业人数的比重；S_i 为该地区某产业就业人数占全国该产业总就业人数的比重。

　　适用该方法进行产业集群程度分析，最大的优势在于操作简便容易。G 系数越高（最大数值为 1）表明产业集聚程度越高，反义亦然。基尼系数的计算从面到点逐渐展开，由宏观再到中观进行分析，以此说明在整个产业体系中本土产业所在的比例大小。运用基尼系数进行产业集聚测量同样存在明显的缺陷，因为基尼系数 G 大于 0 并不代表该产业集群一定存在，例如某一地区存在一个规模特别大的企业，便可能使计算出来的基尼系数很大，但从基尼系数来看，其数据表明该地区存在某一产业集群，但是实际情况则是该地区并没有该产业集群的存在，因此使研究存在一定的不准确性。这是因为基尼系数并未将企业规模的大小放在考虑范畴内，尽管由中小企业构成的产业集群是集群的主要表现形式。

　　为了更好地规避这个问题，经济学家艾尔森和格莱赛（1997 年）提出了新的集群指数（the index of con-centration），在使用基尼系数对产业集群程度进行分析时把产业组织的差异性，即企业规模大小作为一个因素放进考虑范畴。具体分为，当处于完全市场竞争状况下，即在市场中存在大量中小企业情况下，该方法的使用与基尼系数是保持完全一致的；在存在垄断即有大规模企业情况下，该指数则需要用（$1 - \sum_i X_i^2$）去除基尼系数，以此来消除因为企业规模过大而造成基尼系数失真现象。艾尔森和格莱塞的方法较之前有了明显的完善与改进。目前更多的经济学家会采用艾尔森和格莱塞的指数对产业集群程度进行测定。

　　3. 投入产出法

　　投入产出分析法是最早于 20 世纪 30 年代由美国经济学家列昂剔夫（Wassily W. Leontief）提出的一种数量分析方法，主要用于研究国民经济各部门产品投入与产出关系。

　　根据国民经济各部门之间产品相互交流的数量编制投入产出表，然后根据编制的投入产出表构造出两个系数矩阵，分别为直接消耗系数矩阵和完全消耗系数矩阵，通过构造的这两个系数矩阵，就可以进一步得出两个指标，分别为影响力系数 Y 和感应度系数 G，这两个系数又可以进一步合成另一个系数，即波及效果系数 J，进而通过分析所研究的目标地区内所有企业之间存在的经济联系的强弱程度，从而来识别和判断该目标地区是否存在某一类型的产业集群。

具体公式为：

$$J = \frac{1}{2}(Y + G)$$

式中，Y、G、J 分别代表影响力系数、感应度系数和波及效果系数。

波及效果系数 J 值越大，表明目标区域内该产业与其他产业的关联性越强，该产业的发展对区域经济产生更大的带动作用。

对于一般情况而言，波及系数越大的产业越有更多可能性发展为成功的产业集群，因此政府在推进产业集群发展过程中，应该对波及系数较高的产业给予更多关注。

投入产出法能够将目标区域内的产业本身与各相关产业或处于产业链的上下游产业之间的关联性较好地呈现出来，有利于产业动态及产业竞争策略的构建，适用于国家或地方层级之间的产业分析。但是该方法是基于以往资料和数据所进行的数量分析，常受制于产业关联资料缺乏或不足等因素，而且该方法忽略了产业的空间特性，在反映产业的动态变化方面具有一定的局限性，因而无法完全适用。但总的来讲，该方法是一种通过定量手段识别产业集群的非常有效的方法。

4. 区位商 LQ 数值法

区位商（location quotient，简称 LQ）法是西方国家识别产业集群的主要方法，是辨认产业集群的常用工具，最早由哈盖特（P. Haggett）提出，它是指一个地区特定部门的产值在地区工业总产值中所占的比重与全国该部门总产值在全国工业总产值中所占比重之间的比值。用区位商法计算的集群集聚度能够反映区域主要产业特性，而且区位熵法可以在数据可得性、分析的可操作性和研究的客观性之间取得平衡，是一种较为普遍的集群识别方法，因此，本文采用区位商法对赣州稀土产业集群集聚度进行实证分析。计算方法如下：

$$LQ_{ij} = (e_{ij}/e_i) \div (E_j/E)$$

式中，LQ_{ij}为 i 地区 j 行业的区位商，e_{ij} 为 i 地区 j 行业的产值或增加值，e_i 为 i 地区的工业总产值，E_j 为全国或者上一级区域 j 行业的总产值，E 为全国或者上一级区域的工业总产值，反映了行业的集中化程度。若 $LQ_{ij} > 1$，则表示某产业在研究区域的集中化程度高于全国平均水平，可能存在集聚现象并出现主导产业，一定程度上显示出该行业具有较强的竞争力；若 $LQ_{ij} < 1$，则表示所研究的产业在该区域集群程度低于全国平均水平，处于行业劣势；若 $LQ_{ij} = 1$，则表示该产业为一般水平，没有明显的竞争优劣势。一般的认为，LQ_{ij} 比值越大，产业专业化程度越高，比较优势越大，竞争能力越强。

除此之外，还有主成分分析法，即运用降维思想，在对原本数据或信息不造成损失或尽量降低损失的情况下，将原来数量众多且较为复杂的具有一定相关性的变量重新进行组合，从而形成新的少数几个互不相关的综合变量的统计分析方法。因此该方法被广泛应用于经济学、企业管理等各方面的研究之中。多元聚类分析法、图论法等也是识别产业集群集聚度的方法。

（二）赣州稀土产业集群集聚度识别——区位商 LQ 法

考虑到赣州稀土具有较为悠久的开发生产历史，具备较好的产业基础，因此选用 2011~2014 年赣州稀土工业产值进行分析，具体数值见表 3-1。

表 3-1　2011~2014 年赣州稀土产业区位商值（用工业产值计算）

年份	赣州		全国		区位商
	稀土工业产值 /万元	工业总产值 /万元	稀土工业产值 /万元	工业总产值 /万元	
2010	1495900	11197412	4487700	4015128000	119.5255
2011	3738949	13359972	11216847	4731040000	118.0402
2012	3401103	15084851	10203309	5194700000	114.7885
2013	4202408	16733100	12607224	5688452000	113.3174
2014	4800000	18406410	14400000	6302804816	114.1415

数据来源：赣州市工业和信息化委员会稀土产业发展科（市稀土领导小组办公室）《工业月刊》。

从表 3-1 可以看出，赣州稀土产业区位商值均大于 110，表明赣州稀土产业的集中化程度明显高于全国平均水平，且出现明显区域产业集聚现象，显而易见，赣州稀土产业成为赣州名副其实的支柱产业与主导产业，具有明显区域竞争优势。

早在 2012 年，赣州市主营业务收入前 100 位工业企业中，稀土相关企业共有 23 家，占比达 23%，约占全市的 1/4，而排名前 10 位的企业名单中就包括 4 家稀土企业，分别是赣州稀土矿业有限公司、赣州虔东稀土集团股份有限公司、江西金力永磁科技有限公司、赣州晨光稀土新材料股份有限公司。这在很大程度上反映出目前赣州稀土产业中已经出现了像上述几家大的稀土龙头企业，通过龙头企业的带头辐射作用，将在促进赣州稀土产业集群的健康、稳定、持续发展方面发挥重要作用。在 2014 年年底，赣州稀土主营业务收入已经高达 480 亿元，利税总额为 53 亿元，这两项指标分别占全市规模以上工业总产值的 15.8%、18.9%，经过近十年的发展，到 2021 年，赣州稀土有色金属产业规模以上企业营收 1377 亿元，产业规模占全国稀土产业总量的三分之一。赣州稀土产业保持着高效的发展速度，企业营收实现倍速增长，再次表明赣州稀土产业集群的高集聚效应，同时表现出赣州稀土产业集群稳健的发展态势，并不断迸发出新的发展活力。

三、赣州稀土产业集群竞争力的内涵

由于研究背景和目的不同，国内外许多学者都对产业集群竞争力的内涵与定义有过论述，但是随着对产业集群及其竞争力认识的不断深入，有关产业集群竞争力的含义主要可以归纳为三种观点，分别是产业组织要素观点、产业组织结构观点和产业组织能力观点。

综合产业集群竞争力概念的三种理论观点，并结合稀土产业集群自身发展特点，本书认为稀土产业集群竞争力是在集群的各种资产要素（包括企业、资源、基础设施和技术条件等）基础之上，通过组织之间的分工与合作，在地区、全国乃至全球市场竞争中能为集群发展产生强劲竞争优势，对产业集群整体绩效带来实质性提升。把稀土产业集群竞争力的内涵最终落脚到竞争优势上，是因为竞争优势可以将集群竞争力的"要素""结构"和"能力"三个基本属性全部囊括进来，而且集群所拥有的竞争优势正是产业集群产生较强竞争力的根本和关键所在。

稀土产业集群是指在特定区域内，基于当地得天独厚的自然条件以及特色人文环境，围绕某一主导稀土产业的开采、加工等活动，并在此基础上将大量产业联系密切的企业组织、科研院所、协会等相关辅助和支撑机构在空间上达到高度集中，从而形成一定的产业竞争力现象。除此之外，稀土产业集群相对于资本、技术、劳动力等生产要素而言，属于资源型产业集群，加之，稀土矿产流动性弱，因而以稀土开采、分离、冶炼加工的资源型企业在资源禀赋地区具有较强的空间集聚现象。

因此将赣州稀土产业集群定义为在整个赣州市范围内以稀土资源为依托，通过组织间的分工与协作，具有共性和互补性的大量稀土企业及其他各相关辅助产业，如材料或设备供应商、科研机构、行业协会、金融保险机构等在内的一系列组织，按照赣州市区域化布局与划分、产业化经营、专业化生产的统一要求，充分将赣州稀土资源转化为强劲的竞争优势，通过集稀土资源矿的开采、分离、冶炼、深加工及应用、科研教育等一系列产业链在一定区域内的大规模集聚发展，并形成稀土产业持续且强劲的市场竞争优势。

第三节　赣州稀土产业集群发展 SWOT 分析

20 世纪 80 年代，美国旧金山大学管理学教授海因茨·韦里克首次提出 SWOT 分析方法，主要用于研究与确定企业经营战略以及对竞争对手展开分析，成为企业营销战略中的常用工具。SWOT 分析分别代表分析企业目前所处的经营优势（strength）、劣势（weakness）、机会（opportunity）和威胁（threats），本书结合对前期数据的收集整理以及实地调研走访获得的相关资料，采用 SWOT 分析对目前赣州稀土产业所处的经营现状展开深度分析。

一、赣州稀土产业集群发展优势分析

（1）具有独特的资源禀赋优势。

享有"稀土王国""世界钨都"美誉的江西省赣州市作为我国南方离子型稀土矿的重要生产基地，中重稀土产量占全国同类稀土矿产资源的 60% 左右，在一定程度上，赣州离子型稀土矿产品产销量的变化会对国内外离子型稀土矿产品的市场价格产生重大影响。赣州市的龙南、定南、信丰、寻乌、安远、赣县、全南、宁都等八县的稀土储量占整个江西省稀土储量的 90% 以上。同时，赣州重稀土具有垄断性的资源禀赋优势，富含镝、铽、钇、铕等元素，是生产稀土永磁材料和发光材料等功能性材料的理想资源，具有其他稀土资源所无法比拟的绝对优势。近 10 年来，赣州逐步将资源优势转化为竞争优势，使资源优势的"老底子"逐渐焕发出崭新且夺目的光彩，赣州稀土产业将迎来高质量发展的黄金时期。

（2）具有长期的稀土开发管理经验，拥有较好的产业发展基础。

自从 1969 年在赣州成功发现离子型稀土以来，赣州已经拥有了半个多世纪的矿山开采历史和丰富的开发经验，具备较为雄厚的产业发展基础。长期以来，赣州在加强稀土整合，实施保护性开采方面采取了一系列行之有效的管理措施，对全市稀土矿产品生产经营管理实行统一管理、统一开采、统一经营、统一规划和统一招商，均取得了显著成效，为产业的进一步发展营造了良好的营商环境。

经过多年持续发展，赣州已成为全国最大的离子型稀土矿山开采、分离和金属冶炼、深加工及应用的生产基地，部分产品质量已经达到国际国内先进水平，在国内外稀土市场产生较大影响，在市场竞争中占据更多主动性，掌握更多话语权。

截至 2022 年 8 月，赣州市注册的各类稀土企业共计 2338 家。培育了如江西金力永磁科技股份有限公司（以下简称金力永磁）、中国稀土集团、赣州富尔特电子股份有限公司等一大批龙头骨干企业，强化龙头企业的带头示范作用，与此同时，积极推进并加强与华为、格力、特斯拉、吉利、苹果等知名高端客户展开深度合作，在重大项目的引进方面持续加大力度，对此一大批稀土新材料及其应用等重大项目相继成功在赣州落地建设。

（3）国家级、地市级政策法规支持力度强。

早在 2012 年，《国务院关于支持赣南等原中央苏区振兴发展的若干意见》国发〔2012〕21 号第五条中就明确指出要把赣南原中央苏区建设成为"全国稀有金属产业基地、先进制造业基地和特色农产品深加工基地。建设具有较强国际竞争力的稀土、钨稀有金属产业基地"。赣南苏区振兴发展成为国家级重大战略，将赣州市稀土产业的发展上升至国家战略层面。

2019 年 5 月 20 日，习近平总书记来江西省考察调研时，将考察的首站定在了位于赣州市的江西金力永磁科技股份有限公司，重点了解当前企业生产现状以及赣州稀土产业发展情况，并做出重要指示精神，再次强调稀土作为重要的不可再生的战略性资源，对于我国稀土产业发展而言，加强技术创新和知识产权保护格外重要，必须高度重视技术引领，推动稀土产业迈向高质量发展阶段。此次考察调研，足以证明国家层面对于赣州稀土产业发展的重视与未来期许。

赣州市委、市政府针对目前赣州稀土钨稀有金属产业链情况进行了认真全面的梳理，于 2021 年 9 月正式出台《赣州市稀土钨稀有金属产业发展规划（2021—2025 年）》，发展规划中明确指出要建立链长制议事机制，打通稀土产业全链条上下游，将极为有力地提升赣州稀土产业链条发展的稳定性和市场竞争力。

（4）具有良好的区位优势。

赣州作为江西的南大门，被誉为"红色故都""客家摇篮"而享誉全国，赣州的地理位置与区位优势得天独厚。赣州地处国家综合经济走廊，处于京九走廊与厦蓉走廊的交汇处，东边临靠我国长三角经济开发区、海西经济开发区，南靠珠三角经济区，西临长株潭城市群。赣州地处我国经济最具活力的"长三角"和"珠三角"连线上，东临福建，南接广东，西靠湖南，是广东省湘四省通衢的城市，同时东北与长江三角洲相望，南与珠江三角洲紧邻，东与闽东南三角洲对接，是中国沿海的腹地和内陆的前沿，是长江经济区与华南经济区连接的纽带。新时代背景下，赣州作为经济特区发展的门户，更是成为江西对接粤港澳大湾区的桥头堡、后花园。赣州市作为珠三角沿海开放地区通往内陆腹地的咽喉，在接受沿海辐射、承接产业转移方面具有内陆地区其他城市无法比拟的区位优势，特别是"赣粤承接走廊"的建设更为稀土产业的发展搭建了良好的投资平台。

总之，享有"千里赣江第一城""江南宋城"之称的赣州市，作为全省区域面积最大、人口最多的地级市，凭借其良好的地理区位优势，不断迸发出崭新的城市发展与投资新活力，城市整体综合发展实力不断提升，为稀土产业集群高质量发展提供坚实的基础保障。

（5）人力资源较为富足。

由第七次全国人口普通最新数据得知，2021 年赣州市常住总人口达 898 万，就业人员数为 452 万，占全省就业人员总数的 20%，社会劳动力资源极为丰富。与此同时，赣州市区内有 11 所高等教育院校，其中 5 所本科学校，6 所专科学校，37 所职业技术学校，这些院（学）校每年为产业集群内各企业提供数以万计的专业技术人才和具有一技之长的产业工人。随着公民职业化教育的普及和深入，赣州将全面具备提供高素质劳动力的能力，可以在很大程度上满足赣州稀土产业集群发展中对于普通劳动力以及高素质技术人才、研发人才的用工需求。

（6）交通基础设施日益完善，为稀土产业发展提供了硬件保障。

目前赣州市基本建立起现代化、立体化、高质量交通运输网络，全市区域交通已具备铁路、公路、航空、内河航运等运输方式，建成了"四纵四横八连"高速公路网，以及"五纵五横"的干线公路网，形成了以铁路、公路运输为主，以航空、内河航运为辅的综合交通运输体系，整体物流基础设施日益完善。

赣深高铁已经全线贯通，打通了与粤港澳大湾区进一步密切连接的屏障，真正成为对接粤港澳大湾区发展的桥头堡，从而为赣州稀土产业带来了新一轮的发展契机。赣州铁路货运站共 12 个，公路货运方面，物流园区规模不断扩大，京九铁路、赣龙铁路在这里形成十字交叉。同时，公路网络现已形成了以城市为中心、以国道主干线为骨架，干支相连，城乡贯通的公路网，国道干线有 G105、G323、G206、G319 等，厦门—赣州—深圳"金三角"城际高速公路将在赣州大地构筑四通八达的高速公路网。赣州作为全国唯一的支线航空发展试点城市，按照 4D 级设计建成的赣州黄金机场，不断优化航线结构及布局，开辟新的航线，同时不断提升航线通达性。2020 年全年累计运营航线 34 条，累计通航城市 37 个。开通广州、上海、济南、厦门、深圳、南昌、北京、南京、重庆、温州、武汉、海口等全国大部分城市航线，同时积极拓展联通港澳、东南亚、东盟地区航线，2020 年旅客吞吐量突破 146 万人次，是中国华南地区最大的支线航空枢纽城市。交通设施的日益完善与成熟，为赣州稀土产业发展中所需的原材料的运入以及产品的运出提供了保障与便利。

根据《赣州市国家物流枢纽发展规划（2021-2025）》，当前赣州市积极推进物流枢纽建设，充分发挥国际商贸物流服务枢纽作用，同时积极借助大数据、人工智能、5G 通信技术实现物流交通高效配送，提升赣州综合交通运输的智能化、数字化水平，为稀土集群内企业带来更加便利的交通物流服务体验。

（7）科研体系较为完善，展现出强劲的科研创新发展新势头。

在 2020 年 1 月 10 日，中国科学院赣江创新研究院正式挂牌成立，旨在搭建多学科、全产业链条基础科研平台，并以此为基础筹建国家级创新实验室平台，伴随着中国科学院赣江创新研究院、国家稀土功能材料创新中心等一批国家级高端科研平台的顺利建成与落地，重点针对稀土产业链中的重难点技术难题进行攻关解决，进一步为稀土资源的合理开发与高效利用提供了坚实的机构与科研保障。目前已经形成以中国科学院赣江创新研究院为核心的"两院四中心"核心科技创新平台集群，这为赣州稀土产业集群提供了较为坚实的科研基础。

与此同时，拥有赣州有色冶金研究所、国家铜冶炼及加工工程技术研究中心、江西省有色金属加工工程技术研究中心等人才培养和科技研发平台。同时依托坐落于赣州市内的江西理工大学（原名南方冶金学院），拥有一批具有国家层次的科研重点平台，如国家级稀土功能材料创新中心、离子型稀土资源开发及应用教育部重点实验室等，在稀土产业尤其是永磁材料领域具备独特且强劲的学科优势与发展特色，充分发挥"有色金属人才摇篮"的优势平台。同时，赣州稀土产业集群内企业可以与江西理工大学的特色优势专业，如冶金、采矿、稀土等学科专业的教授专家进行广泛且深入的接触与交流，不断推动产学研合作科技成果产业化。同时，赣州市发展铜铝有色金属产业还有多个大型承接平台，即赣州开发区铜铝深加工基地、章贡区水西有色金属冶炼基地等，这在很大程度上保证了赣州稀土产业集群发展中的技术研发需要。

（8）拥有较为健全的涉外服务机构，为稀土产品出口提供了便利条件。

境内设有 2 个海关、2 个商检和 3 个外汇管理局，建有设施完善的公共保税仓及进出口货物查验场、物流中心，开通了至厦门、深圳等的铁海联运，纳入了粤港澳快速通关系统。这为赣州稀土产品的对外出口贸易提供了有利的硬件保障措施。

二、赣州稀土产业集群发展劣势分析

（1）低端产能过剩，矿山生产经营秩序没有得到根本性好转。

由于部分企业仍过度追求短期经济发展目标，超计划开采、无证开采、越界开采以及掠夺性开采、采富弃贫的现象仍然存在。集约利用水平不高，全市稀土资源平均回采率仅达到 60% 左右，在很大程度上造成宝贵的稀土资源利用率低，低端产能过剩，稀土资源浪费现象依然十分严重，不利于赣州稀土产业的长远持续发展。

（2）赣州稀土产业结构较为单一且产业链较短，整体发展不够全面。

目前赣州稀土产业面临着重大的发展机遇，同时也存在严峻的挑战，主要表现在产业生产体系较为死板，缺乏现代自动化和机械化的生产体系，而且稀土产业配套技术和开采能力还有待提高，传统的产业模式并没有随着经济实力的增强、消费者需求的改变而更新，产业链也没有得到更合理的延伸，稀土产业链更多集中于中上游，对于下游高附加值、高端产品应用依旧处于较为薄弱的环节，影响企业整体发展的步伐，导致产业集群内各企业后劲不足。

虽然近几年随着政府对稀土产业发展支持力度的加强，赣州稀土相关企业在经营管理和技术引进上有了一定程度上的改观，但总体来说，稀土产业并没有很大的提高，整体产业呈现一种疲软状态，缺乏影响力和产品创新力，对于稀土产业链的一些基础环节，如开采、加工等，也没有得到极大的技术提高，产业链呈现出"两头小、中间大、后面空"的状况，产业结构性矛盾较为突出，相当一部分企业没有进一步分离而是以初级富集物的形式进行低端销售，以至于珍贵的稀土被卖出了"白菜价"，造成资源的二次浪费，这会直接导致国内外市场对赣州稀土资源依存度不高，削弱了赣州调控稀土资源的主动权。产业结构急需调整，亟须通过加大科技创新，延长产业链，提高产品附加价值，加大产业链下游产品的科技研发与应用，真正使赣州稀土产业走向规模化、集约化、智能化的发展道路。

（3）赣州稀土产业高端产品附加值低。

赣州稀土产业虽然在引进技术和人才上的投资力度较几年前有所增加，但是相比全国沿海经济发达区域，科研投入及人才培养与引进的力度仍然不够大，稀土产业实行的主要还是低水平的重复建设，使稀土产业水平一直处于中低端状态，而缺乏核心技术、发明及专业技术型人才的支持，这些重复性的建设隐藏着巨大的投资风险，同时降低了稀土资源利用率，使资源优势没有真正发挥出来。

赣州丰富的稀土资源仍然主要作为初级产品的形式出口，产品附加值低，与此同时，国外企业低价买进赣州地区的半成品或成品，然后利用高科技对其进行加工，最后再高价返销到中国市场，这就形成了一个恶性循环，使得赣州稀土资源大量流失。一些新上和在建的稀土永磁项目又基本是中低档产品，造成了新一轮重复建设和产品趋同。

由于经济实力和技术水平的限制，赣州稀土产业在国际市场上的竞争力较弱，加上近几年国际局势紧张，国际稀土市场价格波动较大，赣州稀土产业抗击外部市场价格风险的能力较弱。

（4）赣州稀土产业集聚程度不高。

目前赣州稀土企业之间规模差距较小，具有引领性的大型龙头企业较少，中小企业数量规模接近整个行业一半。目前全市呈现"小企业遍地开花"的状况，行业整体企业规模仍然没有得到大幅度提升。按照经济学家韦伯的观点，赣州的稀土产业仅仅处于聚集阶段的中低层次阶段，单个企业的规模和实力的增强，并不能总体上改进整个地区的发展状态，需要稀土产业形成高密集的产业集群，共同来推进赣州地区稀土产业的整体发展水平，提升产业集群市场竞争优势。

（5）配套产业发展滞后，影响了产业向精深方向发展。

赣州市稀土分离企业加工所需的化工原材料，如大量的生铁、铝铁硼等，大部分都需要从外地进行采买购入，生产成本增加的同时，企业的发展在很大程度上也会受制于原材料的供给。而且稀土磁材项目在后续机械加工和电镀方面不配套，赣州的资本市场、金融保险行业、人才市场以及技术市场较东部沿海城市发育迟缓，在一定程度上也影响甚至制约了赣州市稀土产业向精细化方向发展。

（6）赣州稀土产业发展所处的生态环境不佳，生态欠账较多。

近年来，国家对于资源开采的要求都是推进绿色、可持续发展以及实现高质量发展，对于稀土这种典型的资源型产业而言，更加需要对资源进行合理开采和循环高效利用，同时更加注重生态环境保护与治理。由于之前一些小型企业非合理的开采以及对于经济效益的极力追求，而没有注意环保措施的有效跟进，赣州地区稀土产业的污染较为严重，很多矿产地区的河水常年浑浊，河床被抬高，地下水资源严重减少，不同程度地影响到当地居民的日常生活，让当地人民群众的生命健康受到威胁。单从这个方面来说，目前赣州稀土产业所面对的环境问题依然存在，生态欠账较多，因此赣州地区亟待多措并举，推动稀土产业绿色发展、可持续发展，政府对于一些非法开采和利用的企业或组织应采取更加严厉的惩罚措施，同时对于矿产资源的处理和环保质量高的企业可以给予适当的奖励，包括物质层面奖励和精神方面奖励，多管齐下，共同实现稀土产业高质量发展。

三、赣州稀土产业集群发展机会分析

（1）稀土应用前景广阔。

稀土作为国家重要的战略资源，不仅在改造传统产业过程中以及推动战略新兴产业发展中发挥重要作用，而且在当前国民经济建设以及工业发展中的应用价值越来越高，成为现代工业发展中不可或缺的重要元素，稀土的应用范围也越来越广泛，尤其新能源、军事、航天、重工等领域对稀土资源的需求量越来越大。可以清晰地看到，近几年随着经济的不断发展，全球对稀土需求量呈现出连年上涨态势，稀土产品应用前景广阔，这为赣州稀土产业持续深入发展提供了巨大的发展机遇。

（2）新的产业政策及国家发展政策的大力支持。

"十四五"规划中明确指出产业集群的发展作为我国加快发展现代产业体系、推动经济体系优化升级的重要内容，应加大力量推动产业集群发展，这为赣州稀土产业实现高质量跨越式发展指明了前进的方向，"十四五"发展规划成为稀土产业发展的重要机遇期。加之"一带一路"的建设，加强了与国外的合作与交流，进一步为赣州稀土产业发展创造了机遇与条件。与此同时，江西省政府、赣州市委、市政府不断出台各种政策支持赣州稀土产业发展，如在 2021 年 9 月发布《赣州市稀土钨稀有金属产业发展规划（2021—2025 年）》，推进"中国稀金谷"项目建设，将赣州打造成全国稀土稀有金属产业高质量发展引领区。在一系列发展机遇面前，赣州稀土产业应充分抓住宏观政策红利，通过自身产业结构调整升级，充分享受政策带来的利好效应，真正实现稀土产业的高质量发展。

（3）新一轮产业革命和技术革命时代的到来。

伴随着新一轮产业革命和技术革命时代的到来，这也为赣州稀土产业发展带来了新的发展机遇和巨大的发展空间。赣州稀土产业集群内各企业应充分利用赣州在稀土资源的优势地位，利用科技与人才赋能，充分发挥资源优势、区位优势。与此同时，继续加强在稀土材料、应用等方面的技术创新和专利布局，借助大数据、人工智能、5G 通信技术的应用，不断创新产业发展，提高资源利用率和产品附加值，进一步提高稀土产业智能化、高端化、绿色化发展水平。唯有技术创新与专利布局双翼起飞，才能真正实现稀土产业高质量发展，带来新的发展动能，迸发新的发展活力。

四、赣州稀土产业集群发展威胁分析

面对国际挑战和国内环境压力，赣州稀土产业会受到不同程度的威胁与挑战。当前国际环境的动荡，在一定程度上会影响和加剧国际市场对于稀土出口量及价格的不稳定性，对国内稀土市场产生波动。同时，稀土产业面临的环境问题依旧突出，生态欠账较多，加之，国家对于环境保护的力度不断加强，不断出台关于生态环境保护、绿色生产的相关法律法规，这对于部分中小型稀土企业来讲，面临更大的生产投入和成本。与此同时，随着国家对于稀土资源的重视程度越来越高，对稀土的开采、生产等环节实行严格的配额制度，这也在一定程度上对产业集群内企业来讲面临更大的生存压力。

本 章 小 结

江西省赣州市作为全国重要的离子型稀土产地，具有丰富的中重稀土资源，被赞誉为"稀土王国"，经过多年发展，赣州稀土产业已经具备良好的产业基础，已经基本形成集矿产勘探、开采、分离冶炼、深加工及产品应用的产业链体系，在全国稀土市场中占据重要地位。近年来赣州稀土产业正在积极探索高质量发展路径，通过技术创新、科技引领真正将赣州稀土的资源优势、区位优势、产业优势发挥出来，转变为高质量发展的强大动能与重要发展引擎，同时通过技术支撑，不断打造产业创新高地，加之国家产业政策的大力支持，进一步为赣州稀土产业的发展提供重要的政策支持与保障。拥有一手好牌，更要打出一手好牌，赣州将继续加快"中国稀金谷"建设，并以此为依托，不断培育和壮大龙头骨干企业，创造良好的营商环境，通过技术创新补齐产业链短板，不断加快与夯实科研创新平台建设，对稀土产业集群各发展要素进行精准发力，形成具有超强市场竞争力的全产业链竞争优势。目前赣州稀土产业乘着产业发展的东风，正乘风而起，不断推动稀土产业向智能化、绿色化、高端化、数字化深入发展，真正实现稀土产业的高质量发展。

第四章 赣州稀土产业集群竞争力评价模型及指标体系

第一节 产业集群竞争力评价理论

产业集群作为一种高效的空间经济集聚现象，成为当今经济发展和国民建设中的重要载体，对于提升区域竞争优势乃至国家竞争优势方面都发挥着重要作用，在政府、企业、社会以及学术界对产业集群的关注中，如何对产业集群竞争力水平进行科学合理的测度则成为其中的关键性问题，也因此成为学术界和产业界广泛关注的焦点，多年来随着产业集群不断发展成熟壮大、学术研究不断深入，产业集群竞争力评价理论逐渐成熟。

通过梳理大量文献资料，可以确定目前关于产业集群竞争力评价理论主要集中在以下几方面：

一是对产业集群竞争力进行定性分析。对产业集群进行定性分析最早可以追溯到 1990 年迈克尔·波特创立的"钻石体系"，分别从生产要素，需求要素，相关产业与支柱性产业，以及企业战略、企业结构和同业竞争四个方面对国家竞争优势展开分析，该研究体系也被称为"钻石模型"。迈克尔·波特的"钻石模型"为产业集群竞争力研究提供了理论基础及分析框架与研究思路，该模型最先用于对国家或地区的竞争优势进行分析，后面被运用到企业和产业集群竞争优势方面，得到了广泛应用。复旦大学管理学教授芮明杰在 2006 年在迈克尔·波特"钻石模型"基础上加入了"知识吸收"和"创新能力"两个因素，并把这两个新加入的因素作为"钻石模型"的核心，并称之为"新钻石模型"，芮明杰教授认为只有培养自身的知识吸收和创新能力，才能真正掌握和展现产业持续的竞争力。不论是"钻石模型"还是"新钻石模型"，都是对产业集群竞争力展开定性分析，一般而言，根据各个影响因素对产业集群展开优劣势分析，找出存在的问题，并在此基础上提出相应的对策建议来提升产业集群竞争力。

二是对产业集群竞争力进行定量分析与评价。通常构建影响产业集群竞争力的各个指标，并对各指标因素进行赋值计算，通过最终的数值来对其产业集群竞争力水平进行评价。因此在对产业集群竞争力进行定量分析的关键便是评价指标体系的构建以及各指标因素的赋值及权重大小的设置。为了更好地展开定量分析，往往借助主层次分析法（AHP 法）、模糊评价法等对指标因素赋值。与此同时，出现了各种定量评价产业集群竞争力的模型，如由加拿大的两位学者 Padmore 和 Gibson（1998 年）在迈克尔·波特 "钻石模型" 基础上提出的 GEM 模型，对产业集群从三大因素对的六个因素入手，对其竞争力进行整体评价。但是也有不少学者运用 GEM 模型对产业集群进行定性分析，仅仅对各个指标因素展开现状描述与分析，从而对产业集群竞争力有一个相对主观的评价。

总体而言，目前对于产业集群竞争力评价理论已经十分丰富也日趋成熟，国内外学者从多角度对产业集群竞争力展开定性、定量或定性与定量相结合的评价，但就目前来看，定性评价要多于定量评价，无论是定性评价还是定量评价都在伯仲之间，无关好坏，关键要对所研究的产业集群竞争力有深刻把握和科学合理的评价。

第二节　赣州稀土产业集群竞争力 GEM 模型

一、GEM 模型概念

GEM 模型是由加拿大的两位学者 Padmore 和 Gibson（1998 年）在迈克尔·波特的 "钻石模型" 基础上提出的，是基于定量评价原则而构建的一种产业集群竞争力评价模型。该模型共确定了 6 大因素，即资源、设施、供应商和相关辅助产业、企业的结构战略和竞争、本地市场、外部市场，同时又将这 6 个元素分成了 3 大因素对，其中 "因素对Ⅰ" ——基础（groundings），包含 "资源" 和 "设施" 两个因素；"因素对Ⅱ" ——企业（enterprises），包含 "供应商和相关辅助产业" 和 "企业的结构、战略和竞争" 这两个因素；"因素对Ⅲ" ——市场（markets）则包含了 "本地市场" 和 "外部市场" 两个因素。每个因素对所对应的第一个英文字母合在一起就是 GEM 模型名字的由来，同时用类似蜘蛛网的图形加以表示，如图 4-1 所示。

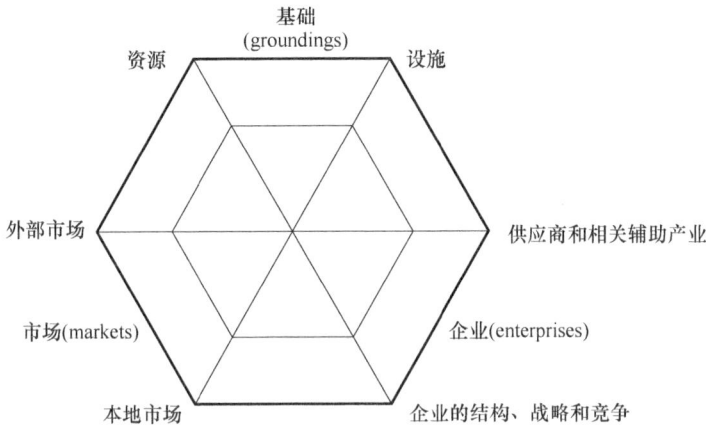

图 4-1 GEM 模型

GEM 模型对影响集群竞争力的各个因素进行了赋值，对"因素对"进行计算并对其进行两次转换，其表达式为：

$$GEM = 2.5 \left[\prod_{i=1, 2, 3} (D_{2i-1} + D_{2i}) \right]^{2/3}$$

式中，D_{2i-1} 和 D_{2i} 为各个因素的得分。

假若某个产业集群的 6 个因素得分均达到 5 分的平均水平，那么相应的 GEM 得分便是 250 分，这就表明该产业集群的竞争力达到国内平均水平；若 6 个因素的平均得分是 7 分的话，则 GEM 得分为 490 分，表明该产业集群在全国范围内，具有明显竞争优势；若 6 个因素的得分均在 8 分左右，则它的 GEM 得分在 640 分左右，表明该产业集群竞争力水平在国内具有非常强的竞争优势；如果所有因素的得分都是 10 分，那么该集群竞争力的得分是 1000 分，这也将是 GEM 的最高分值，表明该集群的竞争力是世界顶级水平的。这样就能够很好地比较和判断具体产业集群的竞争力。

二、GEM 模型在研究产业集群竞争力的先进性

（1）GEM 模型更适合产业集群竞争力评价。

较之其他模型，GEM 模型的研究对象主要是集中于某一区域内的某产业集群，侧重从区域中观乃至微观的层面来分析问题，要求研究者仅需要对该产业集群所在区域搜集相关数据资料即可，而如迈克尔·波特的"钻石模型"，则需要把整个国家作为研究对象，从国家宏观层面来进行分析研究，需要对国家整个贸易情况进行统计分析，会在一定程度上加大研究难度。

（2）GEM 模型的定量评价分析更具合理性与科学性。

GEM 模型采取定量评分的方法对区域产业集群竞争力进行分析研究，通过一系列计算得出相应的分值，使整个评价及对比研究不仅合理而且更加清晰明了。与此同时，GEM 模型的整个量化分析过程广泛集中了产业集群领域的专家学者以及产业集群内各相关企业的意见，这样不仅有助于更加客观、全面、准确地描述目前产业集群竞争的优劣势，而且为未来集群发展指明方向，从而减少未来发展的盲目性与无序性。

（3）GEM 模型反映了影响产业集群竞争力各个因素之间的互补关系。

GEM 模型将六个因素分为三组，强调了各因素之间相互补充的作用，即产业集群内丰富廉价的"资源"优势可以弥补因为"设施"不足与落后所产生的影响，同样，拥有旺盛需求且发展潜力广阔的"本地市场"可以弥补因"外部市场"需求的不足所带来的损失，而良好的"供应商和相关辅助产业"同样可以使得以大量小规模企业为主的产业集群不断获得长久发展。反之也是同样的道理。因素之间的这种互补在 GEM 模型的整个量化过程中得到充分展现。

三、应用 GEM 模型的定性研究

国内有大量学者运用 GEM 模型对各类相关产业集群的竞争力进行了较为详尽的定性研究。可分为"按部就班"式分析和"改造"式分析。

（一）"按部就班"式分析

徐顽强、李华君（2009 年）分别运用 GEM 模型对武汉光电子产业集群和恩施富硒绿色食品产业集群竞争力展开了详尽的分析与研究，他们严格地按 GEM 模型的"基础""企业"和"市场"三大因素对的六个因素进行逐一分析，并在其分析基础上剖析了目前产业集群竞争力发展的优势及劣势，以及影响产业集群发展的关键因素，并在此基础上分别提出了提升武汉光电子产业集群和恩施富硒绿色食品产业集群竞争力的若干对策建议。

高寿华（2016 年）运用 GEM 模型对浙江省纺织产业集群竞争力展开实证分析研究；丛海彬、薛广禄（2019 年）分别对宁波汽车产业集群以及东莞制造产业集群竞争力展开分析；周风（2020 年）对安徽省砀山县的果蔬加工产业集群竞争力进行分析与评价；崔蕊（2021 年）对吉林省光电子产业集群竞争力进行分析；房欣（2022 年）运用 GEM 模型对我国会展产业集群展开研究。

（二）"改造"式研究分析

高山、王静梅（2009 年）在运用 GEM 模型对江苏医药产业集群竞争力进行研究时，对 GEM 模型进行了改造，分别从资源、科研创新、市场、环境保护以及政策方面对江苏医药产业集群进行了较为全面的优劣势探讨，并且阐述了提升其产业集群竞争力的相关路径选择，进而保证江苏医药产业集群获得健康可持续发展。

吴思静、赵顺龙（2010 年）在对高新技术产业集群竞争力进行探讨时，应用了 GEM 模型，并在该模型拓展基础上，构建了一个高新技术产业集群竞争力模型，运用定性方法阐述高新技术企业如何增强知识吸收和创新能力，进而提高其竞争力，最后指出政府应当在推动高新技术产业集群发展方面发挥积极作用。

随着人们对 GEM 模型认知的不断深入，不断对其进行升级改进，在 GEM 模型下先后出现了 GEMN 模型、GEMS 模型、GEMI 模型。

俞春光（2008 年）从创新网络视角下对 GEM 模型进行了改造，加入了"网络"因素，即"内网""外网"，以此构建了 GEMN 模型，以此凸显创新网络在产业集群竞争力方面的作用。

其中 GEMS 模型是指在 GEM 模型原有的基础、企业、市场三大因素对基础上增加了环境因素对（政府政策、社会环境），从而构建出 GEMS 模型。其中运用 GEMS 模型展开研究的有：秦宏（2015 年）运用 GEMS 模型对青岛市海洋渔业产业集群竞争力展开研究；胡良伟（2015 年）运用 GEMS 模型对马鞍山钢铁产业集群展开分析；唐业喜（2019 年）运用 GEMS 模型对张家界大鲵产业集群竞争力进行测度；周风（2020 年）运用 GEMS 模型对安徽省黟县乡村旅游产业集群展开研究；杨帆（2021 年）运用 GEMS 模型对济南养老产业集群竞争力进行研究。

GEMI 模型则是在原有 GEM 模型基础上增加了技术创新因素，因为考虑到技术创新对于产业集群竞争力的作用不断凸显，尤其是对于新兴的各类高科技产业集群尤为受用。运用 GEMI 模型展开研究的有：李虹林（2021 年）对深圳和北京电子信息产业集群竞争力展开测度，并对两区域的产业集群竞争力进行了对比分析。

四、应用 GEM 模型的定量研究

运用 GEM 模型定量研究，就是对所要研究的产业集群构建相应的竞争力评价体系，并以竞争力评价体系为内容，设计产业集群竞争力调查问卷，发放调查问卷以获取所需的各类数据资料，运用层析分析法对数据资料进行整理与计算，从而得出各个指标体系的权重及最后分值，最后根据 GEM 模型的计算公式，得出产业集群竞争力的具体得分，进一步明确产业集群竞争力各个影响因素的优劣势，进而提出提升产业集群竞争力的相应对策与建议。

（一）研究成果

国内运用 GEM 模型定量研究多侧重于区域、省市的各类特色产业集群竞争力的研究。

郭惠杰、林竞君（2011 年）运用 GEM 模型，以江、浙两省为实证，对体育用品产业集群竞争力进行研究；黄德春、李蒙（2013 年）则以长三角地区的游艇产业集群为例，对该产业集群进行竞争力分析与评价。

也有学者运用 GEM 模型对某一省产业集群进行定量研究，如对山东陶瓷产业集群（杨晓云，2011 年）、河南省旅游产业集群（周菲菲，2013年）以及湖北省农业产业集群竞争力（张乃平、李春艳，2008 年）的研究。

同时有大批学者对直辖市、地级市的某类产业集群竞争力进行研究，如杨建梅、杨静（2003 年）以广东省狮岭皮具产业集群为例研究企业产业集群竞争力；胡宇橙、王庆生（2010 年）以天津海滨新区为例对旅游产业集群竞争力进行研究；李志刚（2011 年）对浙江南浔木地板产业集群竞争力进行实证分析；李建磊，徐晓明（2011 年）以河北省任丘市交通设备制造产业集群为例对河北省产业集群竞争力进行研究；钟楠、张庆

建（2011年）和曾德高、李海燕（2013年）分别对重庆市休闲体育产业集群和信息产业集群进行竞争力研究；王艳文（2012年）对包头稀土产业集群竞争力进行研究；金娟萍（2012年）对义乌市场集群竞争力进行研究。

（二）定量研究的重点与关键点

（1）构建产业集群竞争力评价的指标体系。这既是进行定量研究的基础也是最为关键之处。这要求首先要对 GEM 模型内涵进行充分理解，然后结合所要研究的特定产业集群的具体特点，构建相应的竞争力评价指标体系和框架，指标评价因素要紧密契合所研究产业集群的类型及自身集群发展特点等要求，因为不同类型的产业集群在构建产业集群竞争力评价指标体系时的侧重点可能会有很大不同。

例如胡宇橙、王庆生（2010年）在研究天津滨海新区旅游产业集群竞争力时，在"资源"指标中除了基本的区位条件、资本市场、人力资源之外，还增加了旅游资源特色及吸引力；黄德春、李蒙（2013年）在研究长三角地区的游艇产业集群竞争力时，"资源"指标中还增加了综合经济水平、劳动力数量、质量和成本因素，可见在评价产业集群竞争力时所采用的具体指标体系，要随着所研究的产业集群类型的不同而相应地加以调整与改变，因此在制定评价指标体系时有的放矢、因地制宜。

（2）调查问卷的设计、发放，获取准确的数据资料。除了要科学设计调查问卷，还要做好问卷的组织，通过大量的文献汇总整理得知，现有研究大部分的问卷调查分两部分，一部分针对该学科领域的专家学者，目的是得出各个指标因素的权重，第二部分是针对产业集群内的企业、机构等，目的在于得出各个指标因素的具体得分情况。

（3）数据的计算和整理。在对指标权重进行计算时较多采用的是层次分析法（analytic hierarchy process，简称 AHP 法），这是应用极为广泛且普遍的一种方法。

五、GEM 模型应用前景展望

GEM 模型作为分析评价产业集群竞争力的一种行之有效的工具，给出了评价产业集群竞争力体系的一般构架结构。目前，国内学者运用 GEM 模型对多种类别的产业集群竞争力进行的研究主要趋向于两种方式：一是应用 GEM 模型进行定性的分析与研究，集中分析影响产业集群竞争力的各个因素，对这些影响因素及其各因素间的相互作用关系进行综合分析评价，从而得到产业集群竞争力水平和能力的总体概况与定位。其中最大的特点是个人主观性色彩比较强，所得到的结果较为模糊，不仅一定程度上会影响到评价结果的准确性，而且一般难以对产业集群竞争力的强弱，以及所处的竞争力水平做出清晰明确的定论。二是基于 GEM 模型所进行的定量分析研究，根据所研究的某产业集群的类型及自身集群发展特点，构建产业集群竞争力评价指标体系框架，通过问卷得到相关数据，再进行定量计算。其特点是评价过程更客观准确，可以更加全面、系统、客观地评价与估测影响产业集群竞争力发展的优势和劣势，通过最后的分值计算，能较为准确地把握产业集群发展的关键症状和关键影响因素，并相应地提供解决这些问题症状的分析框架与对策建议。

总体而言，国内学者运用 GEM 模型研究产业集群竞争力取得了一定成就，但仍然有值得深入的方面。如在定量研究中，缺乏总得分的明细评价标准，而且在给各个评价指标打分的过程中需要被访者对每个评价指标有充分的客观认识，这样有可能影响最终结果的客观性与准确性。

在创新研究领域方面应有更多期待。虽然有学者将 GEM 模型运用到对企业竞争力的评价，例如田家华、邢相勤（2008 年）运用 GEM 模型分析了影响资源型企业可持续发展的障碍因素，论文以 GEM 模型其所提供的 6 个分析因素作为参照，结合资源型企业可持续发展的内涵与特点，构建了与GEM 模型相对应的资源型企业可持续发展的框架，并逐一对影响资源型企业可持续发展的因素进行定性分析，明确资源型企业在各个因素中所存在的问题，并在分析的基础上从宏观和微观的层面提出保障我国资源型企业可持续发展的对策建议。其他如区域发展力等也可以创新地运用 GEM 模型进行研究。

六、本书采用 GEM 模型的创新点

本书选取 GEM 模型作为分析与评价赣州稀土产业集群竞争力的工具，主要考虑到该模型目前的广泛应用性以及具备的先进性，但是在具体使用和操作过程中，对其进行了一定的创新。

首先采用 GEM 模型并在此基础上对 GEM 模型进行改进，规避了以往利用 GEM 模型进行分析研究的弊端与不足，基本构建了赣州稀土产业集群竞争力的评价体系和模型，对赣州稀土产业集群竞争力展开基于规范研究为基础的定性与定量相结合的实证研究。本书建立了一个基于 GEM 模型的赣州稀土产业集群竞争力模型，如图 4-2 所示。

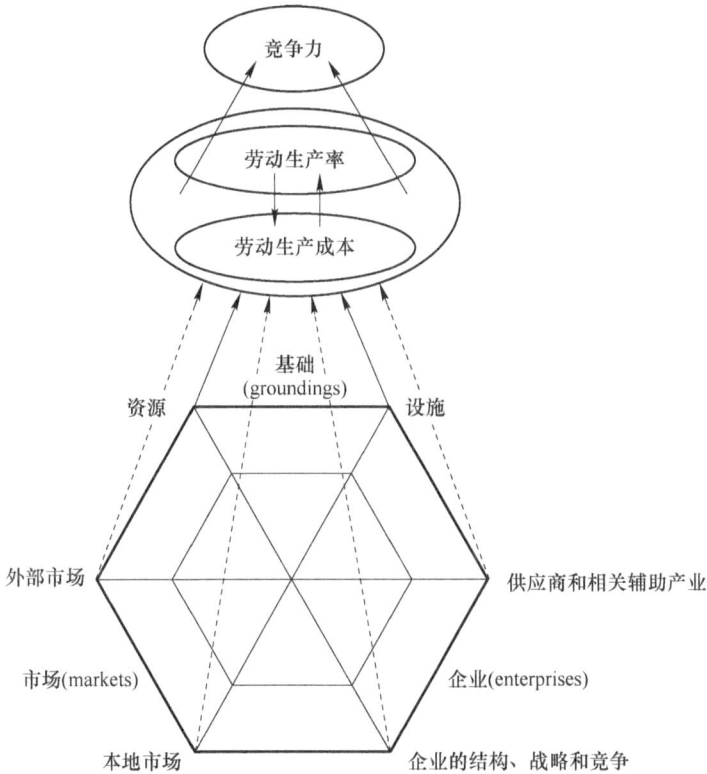

图 4-2　赣州稀土产业集群竞争力 GEM 模型

其次采用对比研究。通过大量的查阅文献可知，目前国内绝大部分学者在运用 GEM 模型对某一产业集群竞争力进行评价研究时，研究的受访对象仅仅局限在本地区域内，这可能会由于受访者的本土情节，以至于在接受访谈或者填写调查问卷过程中隐瞒真实状况，从而影响数据的真实可靠性。本论文在写作过程中尽量规避以上问题，在发放问卷的过程中，不仅对赣州当地企业及相关部门人员发放调查问卷，而且对赣州以外地区相关稀土人士，包括南昌、宁波、北京、广州等地。因此得出的数据更加全面，不仅得出赣州当地对目前赣州稀土产业集群竞争力的评价水平，也得到了赣州之外其他地区对其竞争力水平的评价，可以更加客观、全面地分析目前赣州稀土产业集群的竞争力水平，在一定程度上减少和避免本土情节所带来的误差，以最大可能保证数据的真实性，同时也可以对本区域以及本区域之外的相关数据结果进行对比分析与研究。

第三节 赣州稀土产业集群竞争力 GEM 模型评价指标体系

一、指标体系的构建原则

产业集群竞争力是通过选择一定评价产业集群竞争力的指标体系进行比较分析的，它是一个相比较的概念。在设计产业集群竞争力评价指标体系时要坚持准确、客观的原则，并要尽可能全面地反映出需要调查的主题和重点，要能够真实地反映出所研究的区域产业集群的发展特征，并尽可能保证筛选出来的指标因素具有充分且广泛的代表性。要抓住产业集群竞争力的主要表现方面和本质特征，尽可能用少且准确的指标把要评价的内容表达出来，尽可能利用现有的统计资料提供的数据以及尽可能量化的指标。

因此对赣州稀土产业集群竞争力进行评价时，既要结合本区域本产业集群的发展特点，又要综合考虑外部环境，因此评价指标就较多。因此构建的评价指标除了具备了客观性与科学性以外，还应具备以下原则：

（1）关键代表性。集群竞争力的影响因素有很多，不同的研究角度就会产生不同的评价指标，但是如果把所有的影响因素都放到评价指标体系中，这将是十分复杂烦琐并且非常不现实的。因此在设计评价指标时要抓住重点，选取关键性、代表性强的指标，这样既能保证指标的真实可靠性，又能有针对性地对产业集群竞争力进行有效分析与评价。在本文的研究过程中，就要结合赣州稀土产业集群的特点，比如对自然资源以及科研水平的依赖等特点，设计的指标体系要尽量把这些特点反映出来。

（2）简明可操作性。评价指标因素必须能够明确反映出评价目标与指标因素之间的确切关系，同时指标体系的大小要适宜，如果指标体系层次过多，条目过于烦琐，将会在一些细小的问题上纠缠不清，增加一些不必要的工作难度；若指标体系层次过少，则会出现条目简单粗糙的情况，不能较为全面完整地体现所研究的特定产业集群竞争力的综合水平。因此选取的评价指标因素既不能过多也不能过少，以能够顺利完成最终的研究目标为宜，与此同时，选择的指标不仅要简洁易懂，在语言表述上尽量简洁，不能在语义表述上存在歧义，而且可以容易被量化，方便对其数据进行统计分析等操作，因为评价模型是以数据为支撑的，因此要有可靠的数据来源进行实证研究，进而保证评价结果的客观准确。

（3）指导可比性。任何理论的研究成果最终都要具体落脚到指导实践操作上来，不能脱离和违背实际情况。评价指标要尽可能有效地反映出稀土产业集群的特性和共性，以便可以广泛地应用于不同地区的稀土产业集群。而且要明确每个指标的含义和统计口径，便于与其他地区的稀土产业集群进行比较分析，以便寻找自身产业集群发展的差距，进而提高评价结果的可靠性与准确性。

二、指标体系的基本框架

客观上来说，评价指标的选取并不是数量越多越好，如果选取的指标过多，势必会分散对研究对象的评价，结果很可能会适得其反。因此，评价指标的确定要在动态过程中反复平衡，有些综合性的指标需要分解，另外一些相似的指标则需要综合或者删减。

本书在 GEM 模型基础上构建的指标体系，是为了可以有效测度赣州稀土产业集群竞争力的水平。因此在构建指标体系时，根据前文的评价指标选取原则，充分研读并有选择性地参考了国内外学者的相关研究成果，同时向稀土产业集群领域及稀土产业方面的专家学者及企业人士反复征求咨询意见，进而结合稀土产业集群的影响因素，以及赣州稀土产业集群自身的发展特点，以 GEM 模型的分析框架为研究基础，筛选出与赣州稀土产业集群相关度较强的 30 个评价指标，构成了基于 GEM 模型的赣州稀土产业集群竞争力评价指标体系，具体如表 4-1 所示。并以构建的赣州稀土产业集群竞争力评价指标体系为基础，设计出赣州稀土产业集群竞争力研究的调查问卷，分别包括专家权重调查问卷与产业集群竞争力分值调查问卷（详见附录 A 和附录 B）。

表 4-1 基于 GEM 模型的赣州稀土产业集群竞争力评价指标体系

一级指标	二级指标		三级指标	指标说明（打分说明）
基础	A 资源		A1 区位条件	集群所处地理位置对集群发展的有利程度（越有利，分值越大）
			A2 自然资源富集度	稀土资源的丰富度及吸引力影响程度（资源越丰富，吸引力越大，分值越大）
			A3 人力资源	基础劳动力获取难易及保障程度（获取越容易，保障越强，分值越大）
			A4 财务资源	企业盈利能力、财务管理水平和自我财务保障能力（能力越强，分值越大）
			A5 技术资源	技术装备、生产工艺及研发的发展水平状况，拥有专业技术及研发能力的工作人员的拥有数量（发展水平越高，分值越大；供给数量越多，分值越大）
			A6 生态环境容量	产业对环境的影响及要求程度（环境对产业发展的约束越小，分值越大）
	B 设施	硬件设施	B1 交通设施	当地各种交通设施满足产业集群发展的能力状况（满足能力越大，分值越大）
			B2 通信网络设施	当地应用网络满足产业集群发展的需求程度及状况（满足程度越大，分值越大）
			B3 水电能源等保障能力	当地水电能源等供应满足集群企业发展的需求程度及状况（保障能力越强，分值越大）
		软件设施	B4 政策法规	各级政府针对稀土产业出台的相关支持或限制性政策法规（政策越支持，分值越大）
			B5 科研体系	支持产业发展的高校、科研院所在内的公共研发、检测机构的数量、能力状况及相互结合的程度（数量越多，研发能力越强，且结合紧密，分值越大）
			B6 行业协会	赣州稀土行业协会等相关企业协会等的服务支持水平状况（服务支持水平越高，分值越大）
			B7 自主创新能力	赣州稀土产业各企业专利申请、获得授权数量（专利申请及获得授权数量越多，分值越大）

一级指标	二级指标	三级指标	指标说明（打分说明）
企业	C 供应商和相关辅助产业	C1 设备原材料供应商	集群内企业与设备、原材料供应商的博弈话语权强弱（集群内企业拥有越强的话语权，分值越大）
		C2 金融、保险机构	金融、保险机构对稀土集群内企业发展过程中投融资支持的渠道和难易程度（获取渠道越多，难度系数越小，分值越大）
		C3 物流机构	当地物流业的运营能力对稀土产业发展的有利影响程度（越有利，分值越大）
	D 企业结构战略和竞争	D1 企业集聚度	产业集群内若干龙头企业是否占有集群大部分生产经营份额（集聚度越高，分值越大）
		D2 企业协同度	产业集群内各企业在经营发展的匹配度高低及互补性大小（匹配度越高，互补性越大，分值越大）
		D3 集群规模	产业集群内企业数量多少（数量越多，分值越大）
		D4 企业产权结构	稀土产业集群内的国有、民营、合资企业各自所占的比重大小（国有企业所占的比重越高，分值越大）
		D5 企业管理模式	产业集群内采用现代企业管理模式的企业数量占集群内总企业数的比重大小（比重越高，分值越大）
		D6 企业创新能力	集群内企业在 R&D 投入状况（投入越多，分值越大）
		D7 企业家精神	集群内企业家素质及使命感（企业家素质越高，使命感越强，分值越大）
		D8 产品市场营销能力	产品市场营销意识、同客户的沟通及契合能力（能力越强，分值越大）

一级指标	二级指标	三级指标	指标说明（打分说明）
市场	E 本地市场	E1 国内市场需求	国内稀土产品市场需求量大小（需求量越大，分值越大）
		E2 国内市场发展前景	未来五到十年之间国内稀土产业发展态势及稀土产品需求量增减变化情况（未来发展态势越好，需求量增长越稳定有序，分值越高）
		E3 品牌效应	赣州稀土品牌在国内市场的知名度美誉度（知名度美誉度越高，分值越大）
	F 外部市场	F1 国际市场需求	国际市场需求量大小（需求量越大，分值越大）
		F2 国际市场抗风险能力	应对国际市场突发性及不可预测性因素影响的反应力及处理能力（反应越迅速，处理能力越强，分值越大）
		F3 国际市场壁垒	国际市场对产业集群经营的限制阻碍程度大小（限制阻碍程度越小，分值越大）

三、指标权重的确定

在指标体系的构建中，确定各个指标因素的权重大小，是整个 GEM 模型计算过程非常关键也是较为困难的部分，权重设置是否合理科学将会对最终研究结论的准确性产生重大影响。本书在确定评价指标权重时主要采用层次分析法（AHP 法），通过让各位专家对评价因素的重要性两两进行分析比较，同时对其打出一定分值，然后运用层次分析法对其指标体系的数据进行具体处理运算，以便较为准确地确定各个指标因素的权重。

层析分析法（analytic hierarchy process，缩写为 AHP）是在 20 世纪 70 年代初期由美国著名运筹学家、匹兹堡大学 T. L. Saaty 教授所提出的一种简便、灵活又实用的决策方法。其基本思想是把复杂的问题分解成各个组成因素，又将这些因素按支配关系分组形成有序的递阶层次结构，通过两两比较的方式确定各个因素的相对重要性，然后综合决策者的判断，确定决策方案相对重要性的总排序（如图 4-3 所示）。层次分析法是对非定量事件做定量分析的一种简便方法，也是对人们的主观判断作客观描述的一种有效方法。它的最大特点在于将定性与定量相结合，强调系统化、层次化。

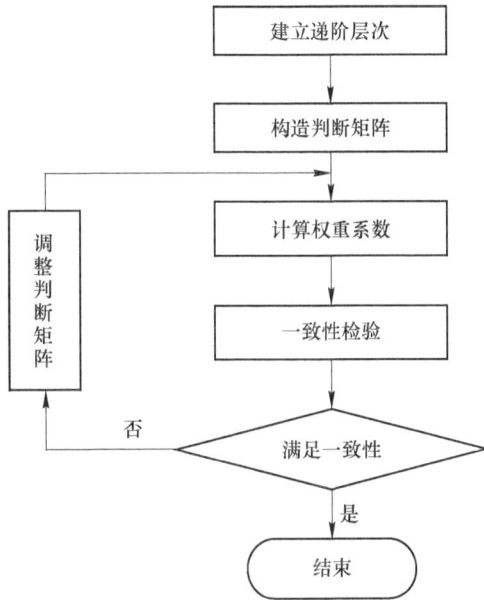

图 4-3 层次分析法的操作流程与步骤

这种方法广泛应用于经济、科技、文化、军事、环境乃至社会发展等方面的管理决策中，常用来解决诸如综合评价、选择决策方案、估计和预算、投入量的分配等问题。本论文中，构建赣州稀土产业集群竞争力评价指标体系属于综合评价问题，因此层次分析法比较适合本次研究的需要。

具体操作步骤：

（1）建立递阶层次。依据 GEM 模型，对赣州稀土产业集群竞争力的指标体系分为一级指标因素 3 个，二级指标 6 个，三级指标 30 个，分别对每个一级指标下的各个二级指标以及每个二级指标下的各个三级指标权重进行打分评定，具体如图 4-4 赣州稀土产业集群竞争力评价指标体系层次结构模型所示。

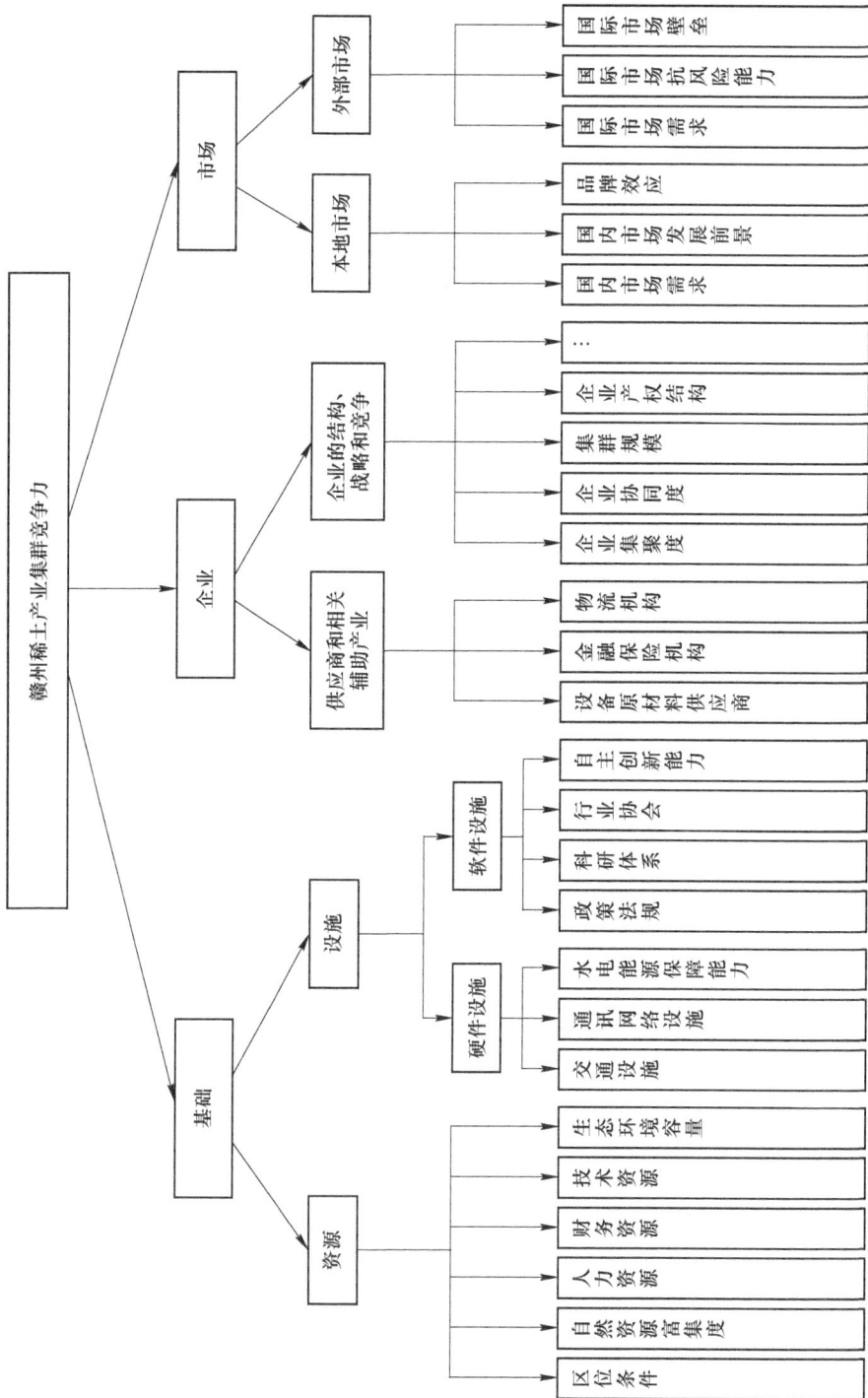

图4-4 赣州稀土产业集群竞争力评价指标体系层次结构模型

（2）构造判断矩阵。在层次分析法中，为了使决策判断定量化，T. L. Saaty 教授引用了表4-2所示的 1~9 标度方法，对各层次指标因素进行两两对比打分。

表4-2 判断矩阵的标度及含义

标度	含 义
1	表示两个因素相比，具有同样的重要性
3	表示两个因素相比，一个因素比另一个因素稍微重要
5	表示两个因素相比，一个因素比另一个因素明显重要
7	表示两个因素相比，一个因素比另一个因素强烈重要
9	表示两个因素相比，一个因素比另一个因素极端重要
2，4	上述两相邻判断 1~3，3~5 的中间值
6，8	上述两相邻判断 5~7，7~9 的中间值
倒数	相应两因素交换次序比较的重要性，如，因素 i（行）与 j（列）比较得到判断 c_{ij}，则因素 j 与因素 i 比较的判断 $c_{ji} = 1/c_{ij}$

构造的判断矩阵如下：

$$A = \begin{bmatrix} U_{11} & U_{12} & \cdots & U_{1n} \\ U_{21} & U_{22} & \cdots & U_{2n} \\ \vdots & \vdots & \vdots & \vdots \\ U_{n1} & U_{n2} & \cdots & U_{nn} \end{bmatrix}$$

式中，A 为目标；U_i、$U_j(i, j = 1, 2, \cdots, n)$ 为因素；U_{ij} 为 U_i 对 U_j 的相对重要性数值，并且由 U_{ij} 组成 $A-U$ 以判断矩阵 A。

（3）计算权重系数。对判断矩阵的进行计算，确定各指标权重，最常用的方法有求和法（也称为算术平均法）和方根法（也称为几何平均法）。本书采用方根法求解指标权重，因此以下仅介绍方根法的求解过程。

方根法具体步骤：

1）计算判断矩阵 A 每一行元素的乘积 M_i：

$$M_i = \prod_{j=1}^{n} U_{ij} \quad (i = 1, 2, 3, \cdots, n)$$

2）计算 M_i 的 n 次方根：

$$\overline{W_i} = \sqrt[n]{M_i} \quad (i = 1, 2, 3, \cdots, n)$$

3）将向量 $\overline{W} = [\overline{W_1}, \overline{W_2}, \cdots, \overline{W_n}]$ 归一化：

$$W_i = \frac{\overline{W_i}}{\sum_{j=1}^{n} \overline{W_j}} \quad (i, j = 1, 2, \cdots, n)$$

所得到的 $W = [W_1, W_2, \cdots, W_n]$ 即为所求特征向量，也就是各指标的权重系数。

（4）一致性检验。通过以上方法得到的各指标权重系数是否合理，还需要对构造的判断矩阵 A 进行一致性检验，具体如下：

1）计算判断矩阵的 CI：

$$CI = \frac{\lambda_{max} - n}{n - 1}$$

$$\lambda_{max} \sum_{i=1}^{n} \frac{(AW)_i}{nW_i}$$

式中，n 为判断矩阵的阶数；λ_{max} 为最大特征根；$(AW)_i$ 为向量 AW 的第 i 个元素。

2）根据判断矩阵的阶数 n，根据表查找相应判断矩阵的平均随机一致性指标 RI（见表4-3）。

表4-3　1~10 阶的判断矩阵的 RI 的值

阶数	1	2	3	4	5	6	7	8	9	10
RI	0.00	0.00	0.58	0.90	1.12	1.24	1.32	1.41	1.45	1.49

3）计算一致性比率 CR：

$$CR = \frac{CI}{RI}$$

当 CR<0.1 时，认为具有满意的一致性；否则，需要向专家反馈，调整判断矩阵，直到具有满意的一致性。

由于本论文评价指标体系由三层指标构成，所以最终的三级指标综合权

重记为 $W_{xyz}^{\#}$（其中，x 为该三级指标对应的一级指标的序号；y 为该三级指标对应的二级指标的序号；z 为该三级指标自身的序号）则有：

$$W_{xyz}^{\#} = W_{x}^{\#} \times W_{y}^{\#} \times W_{z}^{\#}$$

通过以上方法和步骤，就可以得到各评价指标的权重，进而得到各指标的总权重。

本 章 小 结

如何对产业集群竞争力进行科学合理的度量成为社会各界广泛关注的问题，学术界针对产业集群竞争力评价不仅进行了丰富的理论研究，而且展开了形式多样的实践分析与研究。GEM 模型作为定量评价产业集群竞争力的有效工具，被广泛应用，成为国内评价产业集群竞争力重要且基础性的研究模型。因此在对 GEM 模型进行全面、系统梳理的基础上，确定采用 GEM 模型作为研究赣州稀土产业集群竞争力的基础模型，并在此基础上构建了基于 GEM 模型的赣州稀土产业集群竞争力评价指标体系，以期可以更加全面深入地评价和分析集群竞争力水平。

第五章 赣州稀土产业集群
竞争力实证研究

第一节 研究假设及目的

享有"稀土王国"美誉的赣州市拥有丰富的离子型中重稀土资源，2021 年，赣州稀土主营业务收入达 1377 亿元，稀土钨新型功能材料产业集群已被列入全国战略性新兴产业集群，稀土产业已经成为赣州市最大的支柱特色产业之一。通过查阅大量稀土相关文献以及实地走访赣州市各大稀土企业和稀土研发机构，可初步得知赣州稀土在国内稀土行业内拥有不错的口碑且具有一定的市场影响力。本书假设赣州稀土产业集群在全国范围内具有一定的竞争优势，而至于在国内具体处于怎样的竞争力水平还有待具体测度。与此同时，假设影响赣州稀土产业集群竞争力众多指标因素的相对重要性存在一定差异性，同时假设赣州本地与赣州以外区域的稀土集群内相关人士对赣州稀土产业集群竞争力水平的评价会存在差异，由于各种复杂因素彼此交互影响，预估赣州本地人士对赣州稀土产业集群竞争力水平的评价可能要低于赣州以外区域人士对赣州稀土产业集群竞争力的评价，进而通过从这些差异化评价中可以进一步深刻剖析目前赣州稀土产业集群竞争力的真实水平。

总之，本书的研究旨在通过运用 GEM 模型对赣州稀土产业集群竞争力水平进行实证分析与研究，以便可以对赣州稀土产业集群竞争力水平有一个较为准确的测度与评价，进而可以正确分析赣州稀土产业集群在地区和全国稀土产业方面的竞争优势与不足。进一步通过赣州本地以及赣州以外区域内的稀土产业集群相关人士对赣州稀土产业集群竞争力水平的不同评价，并进行对比分析，以便为赣州稀土产业集群找准市场定位，明确今后的发展方向，以求获得产业持续、稳定发展。

第二节　具体研究实施

一、研究的总体思路

通过查阅大量文献资料以及对赣州稀土产业集群内主要企业和各大科研机构、高校院所进行调研走访，再结合 GEM 模型与赣州稀土产业集群发展的历史背景、主要产业特征构建了基于 GEM 模型的赣州稀土产业集群竞争力评价指标体系，在该评价指标体系中总共确定了 30 个三级评价指标因素，并在指标体系的基础之上设计了相应的调查问卷，按照 GEM 模型的运行机理，分别对赣州本地稀土集群内相关人士以及赣州以外区域的稀土集群内相关人士展开相应的问卷调查，以期对赣州本地、赣州以外区域以及这两者的结合，即整体综合评价情况，对这三者之间进行对比分析，从而可以对赣州稀土产业集群竞争力水平展开相应的实证分析与研究，以便对赣州稀土产业集群竞争力水平有一个较为准确、全面的定量测度与评价，进而可以为分析赣州稀土产业集群在地区和全国的竞争优劣势提供一定的参考价值。

二、问卷设计

本书研究过程中所使用的方法之一是通过制作问卷、发放调查问卷的方式来展开实证研究。首先，根据研究主题并结合 GEM 模型的运用原理，并针对目前对稀土产业集群竞争力评价研究方面的现状，同时考虑到赣州稀土产业集群竞争力的发展特征与竞争现状，总计并提炼出包含 30 个三级指标在内的赣州稀土产业集群竞争力评价指标体系，并以这些指标为依据设计调查问卷。本调查问卷内容共分为两个部分：第一部分是赣州稀土产业集群竞争力指标权重的专家调查问卷，即相对重要性评分，通过专家评分得到各因素的重要性评价并通过层次分析法计算出各因素的权重大小；第二部分调查问卷是关于集群竞争力评价指标分值调查，主要通过稀土产业集群内相关企业人士及相应的研究机构工作人员对赣州稀土产业集群竞争力各评价指标因素进行具体打分，以获得对各评价指标的打分情况。调查问卷的详细内容和具体情况可见本书最后的附录 A 和附录 B。

总体来讲，本次调查问卷共有两个目的：一是收集本文构建的产业集群竞争力评价指标体系中各评价指标的权重信息；二是收集调查对象所在的产业集群竞争力状况的信息。

为了保证调查问卷数据的真实可靠，提高调查数据的可信度，这就要求接受调查的各对象需要对稀土产业集群各方面及情况十分地熟悉和了解。此次调查问卷的对象为赣州市本地以及赣州以外区域的稀土产业集群内的企业人员、管理机构（行业协会与政府部门）相关工作人员以及稀土产业集群学术领域内的知名专家学者。问卷的发放方式主要为书面填写和电子文档填写两种方式。其中书面的方式主要是通过江西理工大学作为"有色金属人才摇篮"这一优势平台，由江西理工大学承办以及在该校成功举办的多次有关稀土方面的高层次研讨会，如全国离子型稀土高效开发与应用高级研修班、稀土磁性材料产业化（赣州）研讨会，借助这样的好机会，不仅可以亲自聆听来自稀土方面各专家学者的前沿报告，而且可以向与会者发放相关调查问卷，在很大程度上提高了问卷的准确性与可信度，还有一部分问卷则是到赣州稀土企业内进行问卷的发放。电子文档的发放主要是通过学校 MBA 校企合作方式获得相关赣州稀土企业的联系方式，并通过查阅企业相关资料，确定其符合研究样本的特点，然后通过电子邮件的方式进行发放与回收。

最后，在对调查问卷进行设计时要注意以下事项：一是明确问卷主题与调查目的；二是对调查问题进行量化处理；三是注意语句的通俗易懂性，避免语言理解上的歧义，以免造成因理解歧义而影响调查结果的准确性。

三、问卷发放与收集

本次调查问卷的发放方式主要采取以书面填写为主，电子文档填写为辅的方式。

调查问卷第一部分的数据主要来自学术界和研究管理机构，选取了一些对产业集群和稀土产业都非常了解的专家学者。借助江西理工大学作为全国"有色金属人才摇篮"这一优势平台，分别向全国稀土产业专家张修志院长和吴一丁教授发放专家权重问卷，并通过在江西理工大学举办的全国离子型稀土高效开发与应用高级研修班，向当时作为主讲人的张选旭高级工程师（现就职于赣州有色金属研究所）发放专家问卷，让他们对赣州市稀土产业集群竞争力指标进行权重打分，并与他们进行面对面的交流与学习。

　　第二部分调查问卷的顺利发放也同样得益于江西理工大学作为全国"有色金属人才摇篮"以及赣州"稀土王国"美誉的优势平台，借助近几年先后在江西理工大学成功举办的全国离子型稀土高效开发与应用高级研修班，以及多次举办稀土磁性材料产业化（赣州）研讨会这样的机遇，向与会人员发放调查问卷，与会人员不仅有来自赣州本地的，也有来自全国其他省市的，包括南昌、北京、宁波、广州、福建，他们均是从事与稀土产业密切相关的各企业家、公司职员及专家学者，都对稀土产业以及赣州稀土产业有不同程度的了解，这也在很大程度上保证了问卷的质量与可信度。与此同时，借助江西理工大学 MBA 教育中心这一平台，通过在校就读 MBA 且在稀土产业领域内工作的各位学员以电子邮件的方式发放调查问卷，并且作者也亲自到赣州的稀土企业，如赣州华京稀土有限公司进行问卷的发放。在问卷的发放与回收过程之中进行严格细致的统计，以尽量避免问卷的重复发放与统计，在最大程度上保证问卷的质量与可信度。

　　本研究共发放调查问卷 200 份，回收 188 份，回收率 94%，通过严格审核之后，实际有效问卷 185 份，有效率 100%，本次调查问卷的对象分布情况如表 5-1 所示。

表 5-1　调查问卷对象分布情况

名　目	分　类	占比/%
所处组织层级	一般员工	27.7
	基层领导	35.4
	中层领导	33.8
	高层领导	3.1
对稀土产业了解情况	非常熟悉了解	34.4
	比较熟悉了解	46.3
	一般熟悉了解	19.3

四、数据处理（GEM 模型运算）

通过第一部分回收的各专家问卷，对各数据进行整理汇总，运用层次分析法和方根法计算出各个指标的权重。然后结合调查问卷第二部分的数据，得出各个指标因素的平均得分，根据 GEM 模型的运行原理分别计算出对赣州稀土产业集群竞争力的整体 GEM 分值、赣州本地稀土产业集群竞争力的 GEM 分值以及赣州以外区域的 GEM 分值，以便对这三者之间进行对比分析与研究。

五、运行结果分析

根据 GEM 模型计算出的结果，分析赣州稀土产业集群的发展现状，并提出相关建议。具体的分析包括三部分，第一部分对所有的调查问卷进行汇总计算，即包括赣州本地以及其他区域，得到一个综合的 GEM 得分；第二部分仅对赣州本区域内的问卷进行汇总计算，得出一个 GEM 分值；第三部分仅对赣州以外区域的调查问卷进行汇总计算，得出 GEM 分值。这样做的目的在于想进行对比研究，以分析出对赣州稀土产业集群竞争力的整体评价、赣州本地内稀土企业及相关人士对赣州稀土产业集群竞争力的评价，以及赣州以外区域人士对其竞争力水平的评价，并对此进行对比研究，最大可能保证研究的客观、准确。

第三节　指标结果计算

根据专家的判断矩阵，运用层次分析法及方根法计算得到赣州稀土产业集群竞争力各个评价指标的权重系数，并对各个三级指标分别进行单层权重排名和总权重排名，如表 5-2 所示，从中可以很清楚直观地看到不同层级指标的单层权重系数和总权重系数及排名。

表 5-2 赣州稀土产业集群竞争力评价指标体系、权重及权重排名

一级指标	权重系数	二级指标	权重系数	三级指标	权重系数	单层排名	总权重	总排名
基础	0.3	A 资源	0.2400	A1 区位条件	0.1138	22	0.0082	13
				A2 自然资源富集度	0.1005	24	0.0072	16
				A3 人力资源	0.3831	5	0.0276	2
				A4 财务资源	0.1233	20	0.0089	12
				A5 技术资源	0.2285	9	0.0165	7
				A6 生态环境容量	0.0508	28	0.0037	26
		B 设施	0.1572	B1 交通设施	0.2854	7	0.0135	8
				B2 通信网络设施	0.2104	10	0.0099	11
				B3 水电能源等保障能力	0.1237	19	0.0058	18
				B4 政策法规	0.0886	26	0.0042	24
				B5 科研体系	0.1072	23	0.0051	20
				B6 行业协会	0.0433	30	0.0020	28
				B7 自主创新能力	0.1414	14	0.0067	17
企业	0.4	C 供应商和相关辅助产业	0.1249	C1 设备原材料供应商	0.4060	4	0.0203	5
				C2 金融、保险机构	0.4397	3	0.0220	3
				C3 物流机构	0.1543	12	0.0077	14
		D 企业的结构、战略和竞争	0.0877	D1 企业集聚度	0.2070	11	0.0073	15
				D2 企业协同度	0.1377	15	0.0048	21
				D3 集群规模	0.1372	16	0.0048	22
				D4 企业产权结构	0.1368	17	0.0048	23
				D5 企业管理模式	0.0626	27	0.0022	27
				D6 企业创新能力	0.1524	13	0.0053	19
				D7 企业家精神	0.1205	21	0.0042	25
				D8 产品市场营销能力	0.0459	29	0.0016	29

一级指标	权重系数	二级指标	权重系数	三级指标	权重系数	单层排名	总权重	总排名
市场	0.3	E 本地市场	0.1211	E1 国内市场需求	0.5981	2	0.0217	4
				E2 国内市场发展前景	0.3064	6	0.0111	9
				E3 品牌效应	0.0955	25	0.0001	30
		F 外部市场	0.2692	F1 国际市场需求	0.6223	1	0.0503	1
				F2 国际市场抗风险能力	0.2434	8	0.0197	6
				F3 国际市场壁垒	0.1343	18	0.0108	10

通过回收过来的 182 份企业问卷，对 30 项三级指标的分值进行了汇总整理，得出每项三级指标的平均得分，并根据各指标权重进而计算出各个指标的整体分值，具体如表 5-3 所示。

表 5-3 整体得分情况

一级指标	权重系数	二级指标	权重系数	三级指标	权重系数	指标均值	得 分
基础	0.3	A 资源	0.2400	A1 区位条件	0.1138	8.2927	7.4020
				A2 自然资源富集度	0.1005	8.6707	
				A3 人力资源	0.3831	7.2927	
				A4 财务资源	0.1233	7.0244	
				A5 技术资源	0.2285	6.9634	
				A6 生态环境容量	0.0508	6.6098	
		B 设施	0.1572	B1 交通设施	0.2854	7.0732	7.2060
				B2 通信网络设施	0.2104	7.4878	
				B3 水电能源等保障能力	0.1237	7.6463	
				B4 政策法规	0.0886	7.7561	
				B5 科研体系	0.1072	6.9878	
				B6 行业协会	0.0433	6.9756	
				B7 自主创新能力	0.1414	6.5610	

一级指标	权重系数	二级指标	权重系数	三级指标	权重系数	指标均值	得　分
企业	0.4	C 供应商和相关辅助产业	0.1249	C1 设备原材料供应商	0.4060	6.7561	6.7756
				C2 金融、保险机构	0.4397	6.6463	
				C3 物流机构	0.1543	7.1951	
		D 企业的结构、战略和竞争	0.0877	D1 企业集聚度	0.2070	7.3293	6.8804
				D2 企业协同度	0.1377	6.6829	
				D3 集群规模	0.1372	7.3415	
				D4 企业产权结构	0.1368	7.1341	
				D5 企业管理模式	0.0626	6.5854	
				D6 企业创新能力	0.1524	6.3293	
				D7 企业家精神	0.1205	6.3537	
				D8 产品市场营销能力	0.0459	6.9146	
市场	0.3	E 本地市场	0.1211	E1 国内市场需求	0.5981	7.2195	7.3311
				E2 国内市场发展前景	0.3064	7.5000	
				E3 品牌效应	0.0955	7.4878	
		F 外部市场	0.2692	F1 国际市场需求	0.6223	7.3780	7.0189
				F2 国际市场抗风险能力	0.2434	6.4878	
				F3 国际市场壁垒	0.1343	6.3171	

根据 GEM 模型的计算公式 $GEM = 2.5\left[\prod_{i=1,2,3}(D_{2i-1}+D_{2i})\right]^{2/3}$，可得：

$$GEM = 2.5\left[(7.4020+7.2060)\times(6.7756+6.8804)\times(7.3311+7.0189)\right]^{2/3}$$

$$= 504.0219$$

即 GEM 总得分为 504.0219。

其中在 182 份企业问卷中有 35 份是来自赣州以外的区域，包括南昌、宁波、广州、北京，单独对赣州本地的 147 份问卷和赣州以外地区的这 35 份问卷分别进行了汇总整理，以便对赣州本地的得分情况与赣州以外地区的得分情况进行对比研究（分别如表 5-4、表 5-5 所示）。

表 5-4 赣州本地指标得分汇总情况

一级指标	权重系数	二级指标	权重系数	三级指标	权重系数	指标均值	得 分
基础	0.3	A 资源	0.2400	A1 区位条件	0.1138	8.1667	7.2747
				A2 自然资源富集度	0.1005	8.5556	
				A3 人力资源	0.3831	7.1111	
				A4 财务资源	0.1233	6.9583	
				A5 技术资源	0.2285	6.8750	
				A6 生态环境容量	0.0508	6.5417	
		B 设施	0.1572	B1 交通设施	0.2854	7.1250	7.1965
				B2 通信网络设施	0.2104	7.5139	
				B3 水电能源等保障能力	0.1237	7.5972	
				B4 政策法规	0.0886	7.6806	
				B5 科研体系	0.1072	7.0139	
				B6 行业协会	0.0433	6.9444	
				B7 自主创新能力	0.1414	6.4306	
企业	0.4	C 供应商和相关辅助产业	0.1249	C1 设备原材料供应商	0.4060	6.7083	6.7363
				C2 金融、保险机构	0.4397	6.6111	
				C3 物流机构	0.1543	7.1667	
		D 企业的结构、战略和竞争	0.0877	D1 企业集聚度	0.2070	7.2639	6.8234
				D2 企业协同度	0.1377	6.5833	
				D3 集群规模	0.1372	7.3194	
				D4 企业产权结构	0.1368	7.2222	
				D5 企业管理模式	0.0626	6.4861	
				D6 企业创新能力	0.1524	6.2083	
				D7 企业家精神	0.1205	6.2778	
				D8 产品市场营销能力	0.0459	6.8056	

一级指标	权重系数	二级指标	权重系数	三级指标	权重系数	指标均值	得　分
市场	0.3	E 本地市场	0.1211	E1 国内市场需求	0.5981	7.0556	7.1903
				E2 国内市场发展前景	0.3064	7.3611	
				E3 品牌效应	0.0955	7.4861	
		F 外部市场	0.2692	F1 国际市场需求	0.6223	7.0556	7.1878
				F2 国际市场抗风险能力	0.2434	7.3611	
				F3 国际市场壁垒	0.1343	7.4861	

根据 GEM 模型的计算公式 $GEM = 2.5\left[\prod_{i=1,2,3}(D_{2i-1}+D_{2i})\right]^{2/3}$，可得：

$$GEM = 2.5\left[(7.2747+7.1965)\times(6.7363+6.8234)\times(7.1903+7.1878)\right]^{2/3}$$
$$= 499.1644$$

即 GEM 总得分为 499.1644。

表 5-5　赣州以外区域的指标得分情况

一级指标	权重系数	二级指标	权重系数	三级指标	权重系数	指标均值	得　分
基础	0.3	A 资源	0.2400	A1 区位条件	0.1138	9.2	8.3184
				A2 自然资源富集度	0.1005	9.5	
				A3 人力资源	0.3831	8.6	
				A4 财务资源	0.1233	7.5	
				A5 技术资源	0.2285	7.6	
				A6 生态环境容量	0.0508	7.1	
		B 设施	0.1572	B1 交通设施	0.2854	6.7	7.2743
				B2 通信网络设施	0.2104	7.3	
				B3 水电能源等保障能力	0.1237	8	
				B4 政策法规	0.0886	8.3	
				B5 科研体系	0.1072	6.8	
				B6 行业协会	0.0433	7.2	
				B7 自主创新能力	0.1414	7.5	

一级指标	权重系数	二级指标	权重系数	三级指标	权重系数	指标均值	得分
企业	0.4	C 供应商和相关辅助产业	0.1249	C1 设备原材料供应商	0.4060	7.1	7.0584
				C2 金融、保险机构	0.4397	6.9	
				C3 物流机构	0.1543	7.4	
		D 企业的结构、战略和竞争	0.0877	D1 企业集聚度	0.2070	7.8	7.2909
				D2 企业协同度	0.1377	7.4	
				D3 集群规模	0.1372	7.5	
				D4 企业产权结构	0.1368	6.5	
				D5 企业管理模式	0.0626	7.3	
				D6 企业创新能力	0.1524	7.2	
				D7 企业家精神	0.1205	6.9	
				D8 产品市场营销能力	0.0459	7.7	
市场	0.3	E 本地市场	0.1211	E1 国内市场需求	0.5981	8.4	8.3447
				E2 国内市场发展前景	0.3064	8.5	
				E3 品牌效应	0.0955	7.5	
		F 外部市场	0.2692	F1 国际市场需求	0.6223	8.7	8.2359
				F2 国际市场抗风险能力	0.2434	7.4	
				F3 国际市场壁垒	0.1343	7.6	

根据 GEM 模型的计算公式 $GEM = 2.5 \left[\prod_{i=1,2,3} (D_{2i-1} + D_{2i}) \right]^{2/3}$，可得：

$GEM = 2.5 \left[(8.3184 + 7.2743) \times (7.0584 + 7.2909) \times (8.3447 + 8.2359) \right]^{2/3}$

$= 599.1100$

即 GEM 总得分为 599.1100。

为了更加清晰明了地对整体情况、赣州本地情况以及赣州以外区域三者的情况进行对比分析研究，现将三者的得分数据进行汇总整理，如表 5-6 所示。

表 5-6　基于 GEM 模型的赣州稀土产业集群竞争力得分情况

指标层次		整体情况			赣州本地情况			赣州以外区域情况		
二级指标	三级指标	三级指标均值	二级指标分值	GEM分值	三级指标均值	二级指标分值	GEM分值	三级指标均值	二级指标分值	GEM分值
资源	区位条件	8.2927			8.1667			9.2		
	自然资源富集度	8.6707			8.5556			9.5		
	人力资源	7.2927	7.4020		7.1111	7.2747		8.6	8.3184	
	财务资源	7.0244			6.9583			7.5		
	技术资源	6.9634			6.8750			7.6		
	生态环境容量	6.6098			6.5417			7.1		
设施	交通设施	7.0732			7.1250			6.7		
	通信网络设施	7.4878			7.5139			7.3		
	水电能源等保障能力	7.6463			7.5972			8		
	政策法规	7.7561	7.2060		7.6806	7.1965		8.3	7.2743	
	科研体系	6.9878			7.0139			6.8		
	行业协会	6.9756			6.9444			7.2		
	自主创新能力	6.5610			6.4306			7.5		
供应商和相关辅助产业	设备原材料供应商	6.7561			6.7083			7.1		
	金融、保险机构	6.6463	6.7756	504.0219	6.6111	6.7363	499.1644	6.9	7.0584	599.11
	物流机构	7.1951			7.1667			7.4		
企业的结构、战略和竞争	企业集聚度	7.3293			7.2639			7.8		
	企业协同度	6.6829			6.5833			7.4		
	集群规模	7.3415			7.3194			7.5		
	企业产权结构	7.1341			7.2222			6.5		
	企业管理模式	6.5854	6.8804		6.4861	6.8234		7.3	7.2909	
	企业创新能力	6.3293			6.2083			7.2		
	企业家精神	6.3537			6.2778			6.9		
	产品市场营销能力	6.9146			6.8056			7.7		
本地市场	国内市场需求	7.2195			7.0556			8.4		
	国内市场发展前景	7.5000	7.3311		7.3611	7.1903		8.5	8.3447	
	品牌效应	7.4878			7.4861			7.5		
外部市场	国际市场需求	7.3780			7.0556			8.7		
	国际市场抗风险能力	6.4878	7.0189		7.3611	7.1878		7.4	8.2359	
	国际市场壁垒	6.3171			7.4861			7.6		

第四节 指标结果对比分析与评价

一、指标权重得分情况分析

从资源层面分析可知，如表5-2所示，在资源因素的6个三级指标权重的排名中，可以看到，不论是单层排名还是总排名，人力资源指标与技术资源指标均处于前10名的位置，其中人力资源的单层排名和总排名分别是第5名和第2名，技术资源则分别是第9名和第7名，可见在赣州稀土产业发展过程中，人力资源与技术资源因素会对其发挥重要的影响，因此保障人力资源和技术资源的数量与质量，才能保证赣州稀土产业长足发展。

除此之外，财务资源、区位条件、自然资源富集度分别在权重层次总排名中处于第12、13、16名，处于中等水平，可知这三个因素对赣州稀土产业发展的影响力不是特别明显，处于一般水平。而生态环境容量的单层指标排名和总排名分别是第28名和第26名，基本处于末端水平。这在一定程度上也暴露出目前社会各界对于发展稀土产业与环境之间关系的认识还不够全面深入，由于稀土产业在发展过程中会产生废水、废气、噪声及固体废弃物的污染，加上在矿山开采过程中会破坏当地的植被，甚至是对地下水层造成很大的污染与破坏，也加剧了稀土产业对环境的依赖性以及环境对于稀土产业发展的容量性大小的制约。因此应从根本上保护环境，促进稀土产业与环境的和谐共处，有利于促进稀土产业的持续发展。

从设施层面分析可知：在设施的7个三级因素中，仅有交通设施这一因素的单层权重排名和总排名为第7名和第8名，其次为通信网络设施，分别为第10和第11。其中行业协会的单层权重排名和总排名为第30名和第28名，可见行业协会在目前赣州稀土产业发展中的影响最小，其中的原因可能是因为赣州规模以上稀土企业数量较少，在这样的稀土行业圈子里，除了几家发展规模较大的龙头企业之外，如赣州矿业公司、虔东稀土公司、晨光稀土公司，各企业之间不论是生产规模还是产品的差异都相对较小，而且各企业之间都比较熟悉，对各自的经营状况以及产品特点都较为了解，在这个过程中行业协会在各稀土企业内发挥的作用不够明显，甚至是微乎其微的。

从供应商和相关辅助产业层面分析可知：在其3个三级指标中，金融、保险机构的单层指标排名和总排名均处于第3名的地位，可知在赣州稀土产业集群发展中金融、保险机构发挥着重要作用,当地乃至全国的金融、保险业的服务发展水平将直接影响到赣州稀土企业在其发展中对投融资的需求,进而会影响其产业竞争力水平,因此要大力发展当地金融、保险业,拓宽企业的投融资渠道,保证企业发展中的资金需求,并尽可能降低投资风险。

设备、原材料供应商这一指标的当层权重排名和总权重排名分别为第4名和第5名,表明设备、原材料供应商在赣州稀土产业发展中产生重要影响。由于赣州稀土企业在其加工生产过程中除了需要加入稀缺的稀土元素,更多的是需要铁这一原材料,有的稀土产品在生产中会加入大约75%的生铁,因此像生铁、铝铁硼等原材料能否得到及时供应对赣州稀土产业能否顺利发展起到重要的作用。与此同时,目前赣州稀土企业在其发展中机械自动化生产能力在不断提升,对拥有高性能生产设备的需求就会越来越强烈,然而这些大型的生产设备绝大部分是从美日等国家进口来的。再者,在稀土产业发展中需要对加工生产出来的稀土产品进行稀土含量及合格率进行严格的检验检测,而这些检验检测设备多是从全国稀土产业发展比较前端的宁波、北京等地甚至是从国外进口而来,因此对于设备供应商的需求就比较高,拥有数量众多且专业化水平高的设备及原材料供应商对赣州稀土产业的发展起到重要且关键的作用。

从企业的结构、战略和竞争层面分析可知:在其8个三级指标中,仅有企业集聚度和企业创新能力处于前20名,其中企业集聚度这一指标的单层排名和总排名分别为第11名和第15名,企业创新能力这一指标则分别是第13和第19,再者,企业协同度这一因素的单层排名和总排名分别为第15名和第21名。这反映出在产业发展中企业集聚度越高,企业创新能力越强,企业协同度越高,产业发展水平越高,竞争力越强。

产品市场营销能力这一指标因素的单层权重排名和总排名均是第29名,这表明在稀土行业中产品的市场营销能力对其影响是微乎其微的,这是因为稀土产品的专业性很强,不需要过度的广告宣传及人员营销,而且稀土产品的销量一直十分紧俏,很少会出现销售停滞的局面,因此在稀土产业发展中对产品的市场营销能力则关注极少。

再如像企业产权结构、企业管理模式、企业家精神这类指标因素的指标权重排名均处于中下等水平,表明这些因素在赣州稀土产业发展中的作用不太明显。

从本地市场和外部市场层面分析可知：在全部的 30 个三级指标因素中，不论是单层排名还是总排名中，均位于第 1 名的是国际市场需求，国内市场需求分别在单层排名和总排名中处于第 2 名和第 4 名，可见市场需求对于赣州稀土产业影响的重要性，尤其是国际市场的需求对其影响尤为重要，正是由于持续且稳定的国际、国内市场需求才保证了赣州稀土企业的生存及发展空间。

国内市场发展前景、国际市场抗风险能力及国际市场壁垒这三个指标因素的权重排名均在前 10 名，表明这三个因素将对目前乃至未来赣州稀土产业发展产生极为重要的影响。未来国内稀土市场的发展前景的好坏将会直接影响到赣州稀土产业的发展，因此要积极拓展国内市场需求。同时要增强赣州稀土企业抗击国际市场风险的能力，不断打破国际市场壁垒，真正将稀土产业做大做强。

在其 6 个三级指标中，指标权重排名均在前 10 名的就包括 5 个，仅仅除了品牌效应这一指标，而且这一指标因素在其总权重排名中处于最末尾，之所以会出现这样的现象，是因为稀土产品作为专业性很强的产品，绝不同于普通的消费品，大众很少看到稀土产品会在各大传媒上做广告宣传，极力树立自己的品牌。因为稀土产品不用什么宣传，买卖双方的专业性都很强，对各自的需求有清晰界定，不会轻易受到广告宣传的影响，因此品牌效应对稀土产业发展的影响几乎不存在。

二 、评价指标因素得分情况分析

由表 5-6 可知，在资源、设施、供应商和相关辅助产业、企业的结构、战略和竞争、本地市场、外部市场这 6 个二级因素中，除了外部市场这一因素外，赣州本地的得分情况均低于整体情况得分以及赣州以外区域得分，这在一定程度上反映出赣州本地相关稀土人士对于外部市场的需求及未来发展前景等十分看重，并认为外部市场发展的好与坏将会直接影响到赣州稀土产业的发展状况。

不论是从整体情况还是赣州本地以及赣州以外区域情况来看，供应商和相关辅助产业的分值最低，明显低于其他 5 个二级指标因素，这表明赣州稀土产业在发展中供应商和相关辅助产业发展能力还较为薄弱，应该发展多样性、专业化能力强且数量众多的供应商，并加强金融、保险等相关辅助产业的发展，进而提高赣州稀土产业的竞争力水平，保证其持续、稳定发展。

但从整体情况来看，资源因素的分值最高，为7.4020，其次为本地市场、设施、外部市场因素。而从赣州本地情况来看，分值最高的依然是资源因素，7.2747分，其次为设施、本地市场、外部市场，其中企业的结构、战略和竞争因素在两者中均处于倒数第二位，仅次于供应商和相关辅助产业。这表明自赣州本地的相关稀土人士心目中，拥有得天独厚的稀土资源优势对于稀土产业的发展是至关重要的，然而由于各方面的原因，如集群内各稀土企业间的协同度较低、产权结构不规范且自主创新能力较为薄弱等一系列因素都限制了赣州稀土产业的发展。而要将赣州丰富的稀土资源优势真正转化为竞争优势，还要从提升自身发展能力这一根本的角度上下功夫，只有产业集群内各企业不断将自身做大做强，才能从根本上提高赣州稀土产业的整体竞争力水平。

从赣州以外区域情况来看，在6个二级指标因素中，分值最高的是本地市场这一因素，其次为资源和外部市场，这三个因素的得分均在8.2分以上，表明赣州以外区域的相关人士对稀土产业的本地市场以及赣州拥有的稀土资源优势和外部市场情况的评价还是极高的，对赣州稀土产业集群的发展前景充满信心。当然也可发现赣州以外区域人士对目前赣州发展稀土产业的设施因素的评价不高，仅仅处于倒数第二位的水平，由于接受问卷调查的这些赣州以外地区的稀土相关人士，均是来自像北京、广州、宁波等地的经济发达地区，当地稀土产业发展水平在国内都是较为领先的，其设施因素不仅包括像交通、通信等的硬件设施，更如科研体系等的软件设施条件要更加完善与先进，由于受赣州自身整体经济实力的影响，相应的配套设施较国内发达地区还存在明显差距，这也在很大程度上制约了赣州稀土产业的快速发展，因此要继续加大软硬件设施的建立与完善，为赣州稀土产业的发展提供坚实的基础。

三、GEM得分情况分析

结合表5-6可知，不论是从整体情况还是赣州本地以及赣州以外区域的情况来看，赣州稀土产业集群的6个二级指标分值的分值均在7分以上，且赣州以外区域对赣州有色金属产业集群评价的GEM得分最高，为599.11，明显高于整体得分以及赣州本地得分，其中整体 GEM 得分为 504.0219，而赣州本地的 GEM 得分最低，为 499.1644。

根据 GEM 得分的评判标准，如果某个产业集群的 6 个因素得分均达到 5 分的平均水平，那么相应的 GEM 得分便是 250 分，这就表明该产业集群的竞争力达到国内平均水平；若 6 个因素的平均得分是 7 分的话，则 GEM 得分为 490 分，表明该产业集群在全国范围内，具有明显竞争优势；若 6 个因素的得分均在 8 分左右，则它的 GEM 得分在 640 分左右，表明该产业集群竞争力水平在国内具有非常强的竞争优势。

这表明在赣州以外区域的相关稀土人士心目中，认为赣州的稀土产业在国内具有很强的竞争优势，而在赣州本土稀土人士心中，则认为赣州稀土产业在国内具有明显的竞争优势，但是竞争优势较国内先进水平还有一定的差距。之所以会出现这样的结果，可能是由于赣州稀土在国内同行业中具有良好的口碑，赣州以外区域的同行们对赣州稀土的认可度较高，认为其在全国稀土产业内具有相当不错的行业优势与较强竞争力。但是也不能排除以下可能性，即是由于对赣州稀土产业缺乏客观认识，在一定程度上夸大其竞争力水平，因此应该客观公正地对待其自身的竞争力水平。然而赣州本地的稀土企业家们由于自身处于这种大环境中，对目前赣州稀土产业的发展现状及存在的问题会更加清楚明了，也正是对现状及问题的明确，因而在一定程度上对赣州稀土产业的评价较为谨慎，甚至是有所保留，这也反映出赣州本地的稀土企业家及相关稀土人士对赣州稀土产业的信心并不是特别大。我们既应该客观看待赣州稀土产业发展中存在的优劣势，更要对其未来的发展充满信心，相信经过不断的努力，赣州稀土产业的竞争力水平一定会有所提高，真正将资源优势转化为竞争优势。

本 章 小 结

赣州稀土产业集群作为该市的支柱性产业，对其竞争力水平的科学度量显得意义重大。选用 GEM 模型对赣州稀土产业集群竞争力进行定量分析与评价，以 GEM 模型为基础框架，同时根据当地产业发展特点与实际情况构建了较为全面合理的赣州稀土产业集群竞争力评价指标体系，并通过主成分分析法确定各评价指标的权重，并通过发放问卷形式获取各指标因素的具体得分，最后通过计算公式得出 GEM 分值，进而对赣州稀土产业集群竞争力水平进行评价，结果显示赣州稀土产业集群竞争力处于全国前列水平。为了能够更加全面评价赣州稀土产业集群竞争力水平，特对赣州本区域以及市外区域相关企业人士发放调查问卷，以此进行对比分析，结果显示市外相关人士比本区域内相关人士更加认为赣州稀土产业集群在国内具有更高竞争力水平，通过从多角度对产业集群竞争力进行分析，可以为赣州稀土产业集群的高质量发展提供一定的借鉴意义。

第六章　提升赣州稀土产业集群
竞争力的对策建议

结合 GEM 模型，并结合前面章节对赣州稀土产业集群竞争力水平的分析，从"基础""企业""市场"三大模块对赣州稀土产业集群竞争力水平的提升提出相应的对策建议，以期望赣州稀土产业集群可以不断做强做大，整体竞争力水平得以不断提高，进一步促进其持续与健康发展。

第一节　立足资源优势，加快稀土产业集群化发展

一、科学规划充分发挥资源禀赋优势

通过表 5-6 可以清晰地看出，资源处于整体评价中 6 大因素得分最高的，这表明资源禀赋在发展稀土资源产业中处于重要且关键地位。赣州作为全国重要的稀土生产加工基地，拥有世界上稀缺的中重稀土资源，要立足于稀土资源与现有的产业发展基础，充分挖掘与发挥赣州丰富的稀土资源禀赋和资源优势，同时也要科学合理开发稀土资源。因此需要进一步加大技术投入与科技研发力度，加快资源整合发展，提高资源利用率，减少资源浪费，同时要提高资源回收利用率，避免二次浪费，赣州需要凝神聚力，通过科学规划，科技赋能，真正将丰富的资源优势转化为经济优势和持续的产业竞争优势。

做好赣州稀土产业集群的发展规划，制定科学合理的发展战略。赣州市政府要在深入理解稀土产业集群的基础上，根据国务院的《关于支持赣南等原中央苏区振兴发展的若干意见》（国发〔2012〕21 号）文件精神，以及国家"十四五"发展规划安排，依据赣州稀土产业集群资源禀赋特点、自身发展现状以及稀土产业链条发展规律，制定科学合理的政府层面和企业层面的发展规划与战略指导意见，为未来赣州稀土产业集群的可持续、稳定发展提供科学的战略导向，不断打造稀土产业集群化发展格局。

二、加强技术创新与环境综合治理

赣州市政府、企业、协会、科研机构等各相关单位应该加强沟通交流与合作，政府应加大对稀土产业的财政支持力度，鼓励技术研发与创新。加强对稀土矿的综合治理与改造，提高资源的再生循环利用能力，运用循环经济的"3R"原则即：减量化（reduce）、再循环（recycle）、再利用（reuse）指导企业发展。积极引进和消化、吸收国外先进的循环经济技术，组织开发共伴生矿产资源和尾矿综合利用技术、能源节约和替代技术、循环经济发展中延长产业链和相关产业链接技术、"零排放"技术以及绿色再制造技术等，提高循环经济技术支撑能力和创新能力，创造资源节约型、环境友好型的企业，走出一条适合赣州稀土产业的绿色发展之路。

加强环境污染与治理，采用新技术，推进资源再生利用产业化进程，同时加强对生产过程中产生的废水、废气、废渣以及噪声的综合治理。实施清洁生产、绿色生产，降低产业集群对环境的污染与破坏，在谋求企业经济效益的同时，要兼顾社会效益，坚持企业的短期利益与长期利益并重，通过绿色生产促进稀土产业集群健康、可持续发展，进而支持赣州作为资源型城市的可持续发展与转型升级。

三、制定科学合理的人才培养与激励机制

赣州稀土产业集群内许多企业的一线生产人员的学历普遍不高，而发展并壮大稀土产业需要大量有创新精神的高级专业技术和经营管理人才，因此高质量的人才短缺问题成为影响赣州稀土产业发展的关键因素。解决这个问题的关键在于营造一个有利于吸引人才，尤其是高素质人才的社会环境，建立与完善激励机制，不断稳定和壮大稀土人才队伍，根据赣州稀土产业发展实际情况，制定出能够真正调动技术、管理人员积极性的有利政策。要充分依靠本地区的人才现状，以灵活的薪酬分配制度激励和调动现有稀土人才的积极性，打破传统用人观念，引入合理的人才激励及竞争机制，形成一个鼓励创新、支持竞争和促进人才交流与合作的文化环境，使优秀人才脱颖而出，真正做到因才施用，适位适人，人尽其才，才尽其用，稳住人才。

首先，赣州稀土产业集群应该抓住时代发展机遇，招贤纳才，逐步改善员工队伍的人才比例，全面提升劳动者素质水平。其次，稀土产业集群

内企业需建立先进的人力资源管理系统，制定科学完善的绩效考核体系，鼓励员工积极提高自身综合素质，努力工作、快乐生活，在工作中实现人生价值，享受工作所带来的成就感和幸福感。最后，企业应该注重长远利益，将企业发展愿景与员工自我价值实现的目标深度融合起来，为员工制定合理的职业发展规划，将企业发展目标与员工个人目标相结合，定期对员工的职业技能进行培训，不断更新员工专业知识，提升技能水平，进而保证企业运营的专业性与高效性，从而真正将企业利益与个人利益实现完美融合。

与此同时，赣州要充分利用稀土产业的资源优势、产业优势，为高科技人员创造富有极限挑战的工作环境，实现专业技术人才的大量聚集，以良好的工作条件和优厚的职业待遇，吸引国内外优秀人才共同发展赣州稀土产业。政府和企业每年可以拿出一定资金作为人才开发专项基金，通过各类人才津贴吸引和鼓励高学历、高素质的优秀人才落户赣州，为赣州稀土产业贡献力量。每年可以拨出专款用于稀土学科和实验室的建设，重点向引进的高技术专门人才倾斜，支持高技术人才的培养、使用和引进，真正实现专款专用。同时要加强与当地高等院校的联系，不断培养创新型复合型的高素质稀土人才，例如与江西理工大学进行校企合作，将学校的优势特色专业与企业实际生产运作进行深入的产教融合，从而加强对稀土人才的联合培养，从根本上保证高素质稀土人才的供应。

四、充分发挥市政府职能作用

赣州市政府应明确自身的职能定位，完善市场运营机制，建设良好营商环境。坚持"政府引导、市场运作"原则，全面推进稀土、铜、钨等战略资源的整合。严格控制高耗能、高排放和产能过剩行业新上项目，提高行业准入门槛，保障市场有序良性竞争和运作。继续出台各类扶持措施，继续加大对中小企业的政策、资金、技术等方面扶持，大力推进稀土产业上规模、上水平，提升赣州稀土产业集群整体竞争力。

赣州市政府在结合当地稀土产业发展过程中，除了需要做好政策优惠扶持工作之外，还应积极强化公共服务和基础设施项目建设工作，合理引导产业项目建设，做好招商引资和对外宣传工作。完善道路交通、通信网络、电力等民生保障工程，提高社会的信息化与现代化程度。推进当地人才、技术培训教育工作和安排、吸纳劳动者就业等公共服务工作，通过财政奖补、税收减免减轻中小企业负担。政府还应该为稀土产业集群发展提供强有力的政策支持，优化行业发展软环境，建立公平、公开、公正的营商环境，推进有序的市场竞争秩序。赣州市政府应广泛关注企业信用建设，加强金融服务引领，切实解决中小企业融资难等问题，为企业发展解决后顾之忧。与此同时，政府还要加强与行业协会的交流与合作，深入了解稀土产业集群现状，引导稀土产业合理有序发展，并鼓励专家学者积极为稀土产业集群的发展献计献策，充分发挥引导、服务等职能性工作，进一步促进赣州稀土产业集群的健康持续稳定发展。

第二节 深化改革与创新，提升综合竞争力

一、加快自主创新，推动产业转型升级

转变发展思路，加大自主创新能力，促进产业结构转型升级。赣州稀土产业集群必须要从根本上摒弃单纯依靠"量"扩张发展的旧模式，提高产业集群内企业的自主创新能力，除了继续加大政府和企业的 R&D 资金投入外，稀土产业集群内各企业还应积极与赣州有色金属研究所、江西理工大学等高等院校及科研院所的科研合作，提高自主创新能力，加大知识产权保护及申报力度。政府应进一步加大对关键性技术和突破性创新的奖励支持力度，保持集群内科研体系的高效率运作，逐步走出一条创新驱动、内生增长的高质量发展道路。

加大技术创新与资金投入，不断延伸产业链，开发产品新工艺，提高深加工能力，加快产业链延伸，不断向后端深度加工的科技型、创新型企业转型，同时产品向高附加值的终端应用产品创新升级。加快科技创新，不断提高劳动生产率以及资源利用率，以此降低因劳动力价格、能源、原材料等刚性成本上升所带来的影响与生产压力，提高产业集群综合实力与核心竞争优势。

二、培育龙头骨干企业，加强联合重组

加大对辐射范围广、竞争能力强的龙头骨干企业的扶持鼓励力度，积极鼓励赣州稀土企业与高校、科研机构合作，推动产学研合作科技成果产业

化。鼓励央企与地方稀土企业进行对接合作、对口帮扶、联合重组重构，并进一步吸引和聚集国内外龙头企业落户赣州发展，充分利用资金优势杠杆，加强企业合并重组并购，逐渐形成一批规模大、效益好、竞争力强的龙头企业群体，不断提高稀土产业的集聚程度与集约化发展水平。近年来，赣州市通过部署"中国稀金谷"战略，大力实施大项目建设、大集团发展目标，坚定不移地实施以大项目带动和引领稀土产业结构转型升级，不断转变产业发展方式，将优势企业做大做强，进一步依靠龙头企业辐射产业集群内其他企业发展，充分发挥如赣州稀土集团、五矿三德（赣州）稀土材料有限公司、虔东稀土集团股份有限公司、晨光稀土新材料有限公司等龙头企业的带头示范与引领作用，加快前沿技术的开发，重点围绕稀土高端产品的深度开发与应用，获取更多专利研发技术，实现生产加工关键技术的重大突破，进而推动稀土产业集群的整体快速健康发展。

赣州稀土产业集群内企业围绕发光材料、永磁材料、储氢材料等为主导和特色产业，形成相互渗透、相互依存、上下游合作互补的完整产业链条，不断带动相关配套产业的发展成熟，进而继续将产业集群做大做强。坚持集群内企业间的分工协作，通过建设本土化安全通信网络，形成良好的竞争环境，增强抗击风险的能力。重视产学研相结合，重视建设大中小型企业密切配合、专业化分工与环境完善的网络体系。按照市场配置资源的方式，培育产业集群内良好的科技创新环境、金融环境、物流环境和人文自然环境，使各方面交互融合、相互协调，形成和谐有序的竞争合作机制。

三、完善金融保险服务，加大招商引资力度

从第五章的分析中可以清楚地看到，在供应商和相关辅助产业条件下，金融、保险机构的分值最低，这反映出金融、保险机构对赣州稀土产业集群所起的作用是非常小的，这也在很大程度上限制了产业集群的进一步发展。

赣州市政府应该大力支持相关金融保险行业的发展，并对投融资市场进行科学合理的规范完善与引导，同时鼓励企业采取多种渠道且合法的投融资方式，降低投融资风险与难度，并加大招商引资力度。赣州稀土产业集群的资金筹集可以尝试采取政府投资、银行贷款、发放债券和股票、引进外资等

多种形式相结合的方式。与此同时，赣州市政府可以建立稀土产业发展专项资金，用于吸引国内外稀土产业运营商、金融、保险等相关企业并为其提供政策性补助，积极引入外资、民间资本。鼓励金融机构为符合条件的稀土企业提供贷款，进而降低中小企业贷款难度，同时积极鼓励大型央企、上市公司和投资集团到赣州投资发展，并积极发展风险投资产业，要充分用好国家有关政策，推荐一批有潜力的稀土企业在海外上市和借壳上市方面寻求新的突破。

与此同时，政府以及社会各界应积极促进银企对接，金融机构要健全融资体系，优化对企业特别是中小企业的融资政策和办事程序，切实解决企业融资难问题，真正帮助企业渡过资金难关。与此同时，赣州市各保险机构应根据稀土产业集群发展中的风险问题，出台相应的风险规避以及预警机制，减少集群内企业的各类经营风险，以此降低经营不确定带来的损失，以便进一步促使集群内企业能不断做大做强。

四、发挥行业协会作用，加强企业交流合作

从第五章的分析结果可以看出，行业协会在基础因素下分值是处于倒数第二的水平，受访者普遍认为行业协会在赣州稀土产业集群发展中的作用是微乎其微的。其实行业协会作为产业集群内各企业之间相互联系的一个重要评价指标因素，应该充分发挥行业自律与协调功能，并充分彰显中介与桥梁纽带作用，应把产业集群内外部的交流与互动切实渗透到行业协会的日常工作之中，从而真正发挥行业协会的服务功能。

目前赣州稀土产业集群正处于快速成长的发展阶段，各方面还不够成熟与完善，这时就需要行业协会以及中介机构充分发挥其服务与协调作用。赣州市企业协会应充分利用各种有利条件，通过组织各类同业交流会、科技研修班或茶话会等方式，加强产业集群内各企业之间的相互交流与了解，促进各企业之间在发展战略、生产加工技术与流程、销售模式等方面进行交流与学习，不断强化集群内企业各方面的互补性。另外，不断打造良好的企业创新与合作竞争氛围，促进集群内企业的友好交流与合作，培育健康向上的企业文化，同时通过各种自媒体渠道大力宣传优秀的企业家精神，营造良好的营商环境，大力弘扬敢于拼搏、勇于创新的实干精神，形成集群企业发展的强大内驱力。

第三节 稳定市场秩序，加强引导与控制

一、积极开拓国内外市场

从上一章的分析可知，受访的稀土相关人士均认为稀土的国内市场需求和国际市场需求前景广阔。赣州稀土产业要获得长远发展既要立足本国市场，又要着眼于全球市场，密切跟踪全球动态和趋势，实施国际化市场战略，培养国际合作竞争意识，树立全球化发展战略。

要进一步促进赣州市稀土产业集群的发展，坚持立足本国市场的同时，更需放眼全球，与美、日等国际稀土龙头企业和资深专家交流与合作，确保赣州稀土产业发展和产品研发立足全球视野、与国际接轨、扩张国际市场影响力。通过组织开展多层面、多形式的产业合作与交流活动，如开办多种形式的稀土产品大型展销会以及各类研讨会，通过技术合作、学术研讨、商务交流等多种形式建立和加强与国际稀土龙头企业、产业及技术联盟合作的长效发展机制。鼓励稀土产业内各企业间的相互交流与互动，引导行业共性技术的科技研发与应用推广，不断提升国际市场品牌的市场竞争力，努力打造成具有国际影响力的区位品牌。

二、提升抗击市场风险能力，提高经营韧性

近几年来国际稀土市场的价格波动较大，而且受国外企业的垄断经营，使得国内稀土市场一直处于较为被动的发展态势，受国际市场震荡的影响较大，这在很大程度上增大了国内以及赣州稀土产业的发展风险，不利于其稳定发展。这通过上一章的分析也可以进一步印证该结论，无论是受访的赣州本地还是赣州以外区域的稀土相关人士都普遍认为赣州稀土产业集群抗击国际市场风险的能力都是较为薄弱的。这与当前的国际稀土经营环境有很大关系，也是目前我国稀土产业发展的一个缩影。

为了降低外部市场尤其是国外市场的经营风险，需要洞悉市场变化，及时掌握国际市场的需求信息与行情变化，通过技术创新，用科技赋能发展，不断增强企业的抗击风险意识和能力，进而提升产业集群内各企业的经营韧性。尤其是处在 UVCA 时代，企业在生产运营方面会面对更多的不确定性以及风险性，企业经营环境也变得更加复杂多变，因此企业加强抗击风险与不

确定性的能力越强，越能在激烈的市场竞争中站稳脚跟，从而获取新的竞争优势，迸发新的竞争活力。与此同时，赣州稀土产业集群内各企业应注重稀土品牌的打造与维护，通过品牌知名度的提升进一步提高产业集群整体竞争力，这需要集群内各企业加强交流与合作，以打造行业内领先品牌为己任，敏锐把握市场机遇，以更加科学专业的角度迅速捕获市场需求，并准确切入市场，通过深度挖掘市场现有及潜在需求，不断对稀土应用产品进行深加工、精加工，从而推出高附加值的应用型产品。同时，进一步整合稀土产业链生态系统，提升品牌知名度与美誉度，形成稀土行业内具有重要影响力的领军品牌。

本 章 小 结

处于产业发展的新时期与新阶段，赣州稀土产业要将资源优势、产业优势及区位优势，真正转化为经济优势和竞争优势，将稀土产业做强做大，不断提升稀土产业集群竞争力水平，这非一朝一夕之功，也不能一蹴而就，需要政府、企业、社会各界齐心发力，不断用心经营。产业集群内各组成单位需要各司其职，不断修炼内功，不仅要立足自身基础优势，加快资源整合，加大技术创新力度，坚持科技创新引领产业发展，与此同时，要加快稀土资源整合、优化稀土产业发展结构、完善稀土产业体系，不断加大稀土高端产品的开发与应用，不断稳定市场秩序，多措并举，依靠科技赋能产业发展，提升企业经营韧性，从而更好地抗击经营风险以及市场环境不确定所带来的损失，筑牢产业集群内企业发展的护城河，不断提升产业集群综合竞争力，从而共同推进赣州稀土产业集群实现高质量跨越式发展。

第七章 结论与未来展望

第一节 相关结论

根据 GEM 模型的基本要求，对赣州稀土产业集群竞争力设计了相应的评价指标体系，并通过发放专家权重调查问卷和稀土企业调查问卷，其中稀土企业问卷除了对包括赣州本地相关稀土企业，同时对赣州以外区域的相关企业人士发放了调查问卷，通过汇总整理得到了各个评价指标的权重系数以及各自的指标分值，最终通过公式计算得到了对应的 GEM 分值。通过研究发现，影响赣州稀土产业集群竞争力的众多指标因素的重要性是存在差异的，这种差异性清晰地体现在各评价指标因素的权重得分上，与此同时，通过单独对赣州本地、赣州以外区域以及对这二者的综合考量，并以此分别对赣州稀土产业集群竞争力展开评价，而最终的评价是存在较大差异的，这种差异则清晰地体现在 GEM 分值上，这也就充分地证实了前文的假设是成立的。

不论是整体情况分值还是赣州本地以及赣州以外区域的 GEM 分值均在 490 分以上，这表明赣州稀土产业在国内同行业竞争中具有较为明显的竞争优势，在国内稀土市场中具有一定的知名度。其中赣州以外区域的 GEM 分值（599.11 分）明显高于整体得分（504.0219 分）以及赣州本地得分（499.1644 分），且赣州本地的 GEM 得分最低。这也说明赣州稀土产业在全国其他区域的同行内具有良好的行业口碑与市场认可度，并认为赣州稀土产业在全国同行业内具有很强的竞争力。赣州本地内的相关稀土企业人士由于对目前赣州稀土产业发展现状及当前发展中所存在的问题会更加清晰，因此在评价自身竞争力方面会更加谨慎，在对各评价指标进行打分时往往分数要偏低，这也从一定程度上来讲，整个评价会更加客观。但是不论怎样，从整体情况的 GEM 分值来看赣州稀土产业在国内同行业内显然具有明显的竞争优势，然而赣州稀土产业想要继续做强做大必须要将自身的资源优势真正转化为更强的经济优势和竞争优势，用科技赋能稀土产业发展，依靠技术创新提高稀土资源利用效率，延长稀土产业链，尤其是下游产品应用与开发，不断完善稀土产业体系，进而保证赣州稀土产业可以持续、稳定、健康发展，进而真正实现稀土产业高质量绿色发展。

第二节　未来展望

享有"稀土王国"美誉的江西省赣州市，拥有丰富且珍贵的中重离子型稀土资源，经过多年发展稀土产业已经成为赣州市名副其实的支柱产业之一。赣州稀土产业也经历了较长时间的发展摸索，经历了前期的粗放式经营，到现在更加重视绿色可持续的健康发展。赣州稀土产业拥有丰厚的资源优势和良好的产业发展基础，手上握着一副产业发展的"好牌"，而真正将这副好牌打得精彩，则需要赣州以及稀土产业集群内各相关企业在对自身情况进行充分准确研判后，凝心聚力，充分发挥资源优势，与此同时，在社会数字化转型以及经济结构调整的发展大背景下，可以借助数字化技术与手段，推动稀土产业集群内各企业实现转型，从而真正将稀土资源优势转化为经济发展优势和竞争优势。

整体来看，赣州市在发展稀土产业的道路上要一如既往地认真贯彻落实科学发展观理念，坚持绿色发展、集约发展、均衡发展和可持续发展，按照"整合资源、保护环境、科学规划、合理布局、深度加工、做大产业"的方针，加强组织与科学引导，营造健康良好的营商环境，健全稀土行业监督体系，加强行业规范化管理、集约化管理以及人性化与科学化管理，不断以优势资源为重要产业依托，以资源整合为基本手段，不断调整优化产业结构，以发展高附加值的深度加工和开发高端应用产品为产业发展主线，延长稀土产业链，提高稀土产业发展水平，进一步引导各生产要素向大企业和深度加工领域集聚。同时应加大技术创新与高科技人才的培养与引进，提高企业自主创新能力，用科技创新驱动全产业链发展，在赣州市政府的政策导向与支持下，稀土产业集群内各企业凝神聚力，加快知识产权以及专利申请力度，用科技武装企业发展，抓住新一轮发展红利，真正将资源优势、产业优势转化为竞争优势和经济优势，从而走出一条赣州特色的稀土产业发展道路，进而真正将赣州稀土产业做强做大。

附　　录

附　录　A

基于 GEM 模型的赣州稀土产业集群竞争力研究专家咨询问卷

尊敬的稀土产业专家：

您好！本研究旨在构建基于 GEM 模型的赣州稀土产业集群竞争力评价指标体系，采用层次分析法对赣州稀土产业集群竞争力进行综合评价分析。在此，真诚地邀请您对各层指标相对于上层指标的各因素之间两两相对重要性做出评定，以供本文确定评价指标权重所用。十分感激您在百忙之中拨冗予以帮助。谢谢！

一、本研究所采用的 GEM 模型概述

加拿大学者 Padmore 和 Gibson（1998 年）在波特钻石模型的基础上构建了产业集群竞争力评价的 GEM 模型（Groundings-Enterprises-Markets），认为有 6 个因素影响产业集群竞争力，即资源，设施，供应商和相关辅助产业，企业的结构、战略和竞争，本地市场。这 6 个因素又被分成 3 对："资源"和"设施"合称为"因素对 I"——基础（groundings）；"供应商和相关辅助产业"和"企业的结构、战略和竞争"合称为"因素对 II"——企业（enterprises）；"本地市场"和"外部市场"合称为"因素对 III"——市场（markets）。

二、请专家对各因素之间两两相对重要性进行打分

判断矩阵表示相对上一层次某一因素时，本层次各个因素之间的两两相对重要程度。该相对重要程度可用数字 1~9 及其倒数表示，其含义如附表 A-1 所示。

附表 A-1　判断相对重要程度的标度及其含义

标　度	含　义
1	表示两个因素相比，具有同样的重要性
3	表示两个因素相比，一个因素比另一个因素稍微重要
5	表示两个因素相比，一个因素比另一个因素明显重要
7	表示两个因素相比，一个因素比另一个因素强烈重要
9	表示两个因素相比，一个因素比另一个因素极端重要
2，4	上述两相邻判断 1~3，3~5 的中间值
6，8	上述两相邻判断 5~7，7~9 的中间值
倒数	相应两因素交换次序比较的重要性

例如：某个评价指标体系为：

目　标　层	准　则　层	方　案　层
$A1$	$B1$	$C11$
		$C12$
		$C13$
	$B2$	$C21$
		$C22$

判断矩阵 $B1-C$：

$B1$	$C11$	$C12$	$C13$
$C11$	X11 = 1	X12	X13
$C12$	X21	X22 = 1	X23
$C13$	X31	X32	X33 = 1

例如，相对于 **B**1 来说，**C**11 比 **C**13 明显重要，则 X13 = 5；那么X31 = 1/5。

又如，**C**11 比 **C**12 强烈重要，则 X12 = 7；那么X21 = 1/7。

再如，**C**12 比 **C**13 的重要程度介于明显重要与强烈重要之间，则 X23 = 6，那么 X32 = 1/6。

完成后的判断矩阵 **B**1-**C** 如下：

B1	**C**11	**C**12	**C**13
C11	1	7	5
C12	1/7	1	6
C13	1/5	1/6	1

相对于基于 GEM 模型的赣州稀土产业集群竞争力（**A**1），请专家在附表 A-2 中评定 6 个指标的相对重要性。

附表 A-2　**A**1 的指标评定

A1	资源	设施	供应商和相关辅助产业	企业的结构、战略和竞争	本地市场	外部市场
资源	—					
设施		—				
供应商和相关辅助产业			—			
企业的结构、战略和竞争				—		
本地市场					—	
外部市场						—

相对于资源指标（**B**1），请专家在附表 A-3 中评定其 6 个指标的相对重要性。

附表 A-3　**B1** 的指标评定

B1	区位条件	自然资源富集度	人力资源	财务资源	技术资源	生态环境容量
区位条件	—					
自然资源富集度		—				
人力资源			—			
财务资源				—		
技术资源					—	
生态环境容量						—

相对于设施指标（**B2**），请专家在附表 A-4 中评定其 7 个指标的相对重要性。

附表 A-4　**B2** 的指标评定

B2	交通设施	通信网络设施	水电能源等保障能力	政策法规	科研体系	行业协会	自主创新能力
交通设施	—						
通信网络设施		—					
水电能源等保障能力			—				
政策法规				—			
科研体系					—		
行业协会						—	
自主创新能力							—

相对于供应商和相关辅助产业指标（**B3**），请专家在附表 A-5 中评定其 3 个指标的相对重要性。

附表 A-5　B3 的指标评定

B3	设备原材料供应商	金融、保险机构	物流机构
设备原材料供应商	—		
金融、保险机构		—	
物流机构			—

相对于企业结构、战略和竞争指标（**B4**），请专家在附表 A-6 中评定其 8 个指标的相对重要性。

附表 A-6　B4 的指标评定

B4	企业集聚度	企业协同度	集群规模	企业产权结构	企业管理模式	企业创新能力	企业家精神	产品市场营销能力
企业集聚度	—							
企业协同度		—						
集群规模			—					
企业产权结构				—				
企业管理模式					—			
企业创新能力						—		
企业家精神							—	
产品市场营销能力								—

相对于本地市场指标（**B5**），请专家在附表 A-7 中评定其 3 个指标的相对重要性。

附表 A-7　**B5** 的指标评定

B5	国内市场需求	国内市场发展前景	品牌效应
国内市场需求	—		
国内市场发展前景		—	
品牌效应			—

相对于外部市场指标（**B6**），请专家在附表 A-8 中评定其 3 个指标的相对重要性。

附表 A-8　**B6** 的指标评定

B6	国际市场需求	国际市场抗风险能力	国际市场壁垒
国际市场需求	—		
国际市场抗风险能力		—	
国际市场壁垒			—

　　三、本指标体系还有哪些地方需要修改完善，敬请专家们提出宝贵的修改意见！谢谢！！！

_____

_____

_____

_____

专家签名：_____

附 录 B

赣州稀土产业集群竞争力研究的调查问卷

尊敬的专家：

您好！这份问卷旨在了解赣州稀土产业集群竞争力的状况，并据此对目前赣州稀土产业集群竞争力做出较为合理准确的评价以供相关方面决策参考。

此调查仅供学术研究之用，不会向他人泄露您的信息及所选答案，敬请按照您所了解的实际情况填写。谢谢！

一、您的基本情况

1. 如果您在企业工作，请选择所处岗位 （   ）

A. 管理岗位

B. 技术研发岗位

C. 市场营销岗位

D. 生产运营岗位

E. 其他

2. 所处组织层级 （   ）

A. 一般员工

B. 基层人员

C. 中层人员

D. 高层人员

3. 组织所在地是赣州还是非赣州，若非赣州，请您注明组织所在城市（   ）

A. 赣州本地

B. 非赣州本地，请注明所在城市_____

4. 对稀土产业熟悉了解情况 （   ）

A. 非常熟悉了解

B. 比较熟悉了解

C. 一般熟悉了解

二、赣州稀土产业集群竞争力各指标得分

不同分值表示的具体含义如附表 B-1 所示。

附表 B-1　指标的分值及其含义

分　值	含　　义
10 分	非常优秀，具有世界级的竞争力，在全世界范围内名列前茅
9 分	优秀，具有世界级的竞争力
8 分	良好，具有本国范围内独一无二的优势
7 分	不错，具有本国范围内的竞争优势
6 分	及格，具有超过全国平均水平的实力，但没有竞争优势
5 分	适当及格，具有与全国平均水平相当的实力
4 分	水平有限，具有略低于全国平均水平的实力
3 分	水平很有限，与全国平均水平有一定差距，可能影响到整个集群的发展
2 分	水平较差，与全国平均水平有较大距离，对集群造成的影响已经显现
1 分	水平很差，与全国平均水平有很大距离，对集群造成的影响几乎没有显现

请您结合赣州稀土产业集群竞争力评价指标体系，并根据您对赣州稀土产业发展状况的了解，在附表 B-2 中对各指标因素进行评分（打√或是直接填写相应分数）。

附表 B-2　基于 GEM 模型的赣州稀土产业集群竞争力评价指标体系

一级指标	二级指标	三级指标	指标说明（打分说明）	1分	2分	3分	4分	5分	6分	7分	8分	9分	10分
基础	资源	区位条件	集群所处地理位置对集群发展的有利程度（越有利，分值越大）										
		自然资源富集度	稀土资源的丰富度及吸引力影响程度（资源越丰富，吸引力越大，分值越大）										
		人力资源	基础劳动力获取难易及保障程度（获取越容易，保障越强，分值越大）										

一级指标	二级指标		三级指标	指标说明（打分说明）	1分	2分	3分	4分	5分	6分	7分	8分	9分	10分
基础设施	资源		财务资源	企业盈利能力、财务管理水平和自我财务保障能力（能力越强，分值越大）										
			技术资源	技术装备、生产工艺及研发的发展水平状况，拥有专业技术及研发能力的工作人员的拥有数量（发展水平越高，分值越大；供给数量越多，分值越大）										
			生态环境容量	产业对环境的影响及要求程度（环境对产业发展的约束越小，分值越大）										
	设施	硬件设施	交通设施	当地各种交通设施满足产业集群发展的能力状况（满足能力越大，分值越大）										
			通信网络设施	当地应用网络满足产业集群发展的需求程度及状况（满足程度越大，分值越大）										
			水电能源等保障能力	当地水电能源等供应满足集群企业发展的需求程度及状况（保障能力越强，分值越大）										
		软件设施	政策法规	各级政府针对稀土产业出台的相关支持或限制性政策法规（政策越支持，分值越大）										
			科研体系	支持产业发展的高校、科研院所在内的公共研发、检测机构的数量、能力状况及相互结合的程度（数量越多，研发能力越强；结合越紧密，分值越大）										
			行业协会	赣州稀土行业协会等相关企业协会等的服务支持水平状况（服务支持水平越高，分值越大）										
			自主创新能力	赣州稀土产业各企业专利申请、获得授权数量（专利申请及获得授权数量越多，分值越大）										

一级指标	二级指标	三级指标	指标说明（打分说明）	1分	2分	3分	4分	5分	6分	7分	8分	9分	10分
企业	供应商和相关辅助产业	设备原材料供应商	集群内企业与设备、原材料供应商的博弈话语权强弱（集群内企业拥有越强的话语权，分值越大）										
		金融、保险机构	金融、保险机构对稀土集群内企业发展过程中投融资支持的渠道和难易程度（获取渠道越多，难度系数越小，分值越大）										
		物流机构	当地物流业的运营能力对稀土产业发展的有利影响程度（越有利，分值越大）										
	企业结构战略和竞争	企业集聚度	产业集群内若干龙头企业是否占有集群大部分生产经营份额（集聚度越高，分值越大）										
		企业协同度	产业集群内各企业在经营发展的匹配度高低及互补性大小（匹配度越高，互补性越大，分值越大）										
		集群规模	产业集群内企业数量多少（数量越多，分值越大）										
		企业产权结构	稀土产业集群内的国有、民营、合资企业各自所占的比重大小（国有企业所占的比重越高，分值越大）										
		企业管理模式	产业集群内采用现代企业管理模式的企业数量占集群内总企业数的比重大小（比重越高，分值越大）										
		企业创新能力	集群内企业在 R&D 投入状况（投入越多，分值越大）										
		企业家精神	集群内企业家素质及使命感（企业家素质越高，使命感越强，分值越大）										
		产品市场营销能力	产品市场营销意识、同客户的沟通及契合能力（能力越强，分值越大）										

一级指标	二级指标	三级指标	指标说明（打分说明）	1分	2分	3分	4分	5分	6分	7分	8分	9分	10分
市场	本地市场	国内市场需求	国内稀土产品市场需求量大小（需求量越大，分值越大）										
		国内市场发展前景	未来五到十年之间国内稀土产业发展态势及稀土产品需求量增减变化情况（未来发展态势越好，需求量增长越稳定有序，分值越高）										
		品牌效应	赣州稀土品牌在国内市场的知名度美誉度（知名度美誉度越高，分值越大）										
	外部市场	国际市场需求	国际市场需求量大小（需求量越大，分值越大）										
		国际市场抗风险能力	应对国际市场突发性及不可预测性因素影响的反应力及处理能力（反应越迅速，处理能力越强，分值越大）										
		国际市场壁垒	国际市场对产业集群经营的限制阻碍程度大小（限制阻碍程度越小，分值越大）										

参 考 文 献

[1] 周风,李红梅,沈荣生.基于GEMS模型的乡村旅游产业集群竞争力评价与分析——以安徽省黟县为例 [J].渭南师范学院学报,2020,35 (9):64~72.

[2] 张妍,赵坚.产业集聚度视角下的开发区产业集群效率分析——以兰州新区为例 [J].统计与决策,2020,36 (12):117~120.

[3] 黄林,佟艳芬,王盛连.产业集群的产业集聚度测度:理论与实践——以我国南部海洋产业集群为例 [J].企业经济,2020 (3):123~131.

[4] 周风,李红梅,王淑霞.基于GEM模型的果蔬加工产业集群竞争力评价与分析——以安徽砀山县为例 [J].安徽农业大学学报 (社会科学版),2020,29 (1):50~59,113.

[5] 姚世斌,夏季.军民融合产业集群竞争力评价研究——以四川省为例 [J].西华大学学报 (哲学社会科学版),2018,37 (5):41~48.

[6] 关娜,张莉萍,辛建生.产业集群竞争力指标评价体系研究 [J].经济研究导刊,2018 (8):3~4.

[7] 卞子全.产业及产业集群竞争力评价模型概述 [J].现代营销 (下旬刊),2017 (12):214.

[8] 孙剑,李飞飞.建筑产业集群竞争力评价指标体系构建 [J].统计与决策,2017 (21):57~59.

[9] 罗艺.基于GEM模型的现代化物流产业集群竞争力评价和路径优化 [J].商业经济研究,2016 (24):76~77.

[10] 卜洪运,陶玲玲.基于指数型功效函数的高技术产业集群竞争力评价研究——以京津冀为例 [J].工业技术经济,2016,35 (7):19~27.

[11] 高寿华.浙江省纺织产业集群竞争力评价与提升对策——基于GEM模型的实证分析 [J].中国商论,2016 (16):144~146.

[12] 赵华,于静.山西省旅游产业集群的集聚度测算和经济效应分析 [J].经济问题,2016 (3):102~106.

[13] 孙慧,李小双,李苑.产业集群识别方法综合使用及其实证分析 [J].科技进步与对策,2011,28 (21):60~63.

[14] 李春娟,尤振来.产业集群识别方法综述及评价 [J].城市问题,2008 (12):29~33.

[15] 马歇尔.经济学原理 [M].朱志泰,译.北京:商务印书馆,1997:105~200.

[16] 阿尔弗雷德·韦伯.工业区位论 [M].李刚剑,陈志人,张英保,译.北京:商务印书馆,1997:5~100.

[17] 仇保兴. 小企业集群研究 [M]. 上海：复旦大学出版社，1999：8~80.

[18] 王缉慈. 创新空间——企业集群和区域发展 [M]. 北京：北京大学出版社，2001.

[19] 熊军. 群的概念、假设、理论及其启示 [J]. 外国经济与管理，2001 (4)：4~5.

[20] 蔡宁，吴结兵. 企业集群的竞争优势：资源的结构性整合 [J]. 中国工业经济，2002 (8)：14~18.

[21] 陈剑峰. 基于知识的产业集群能力研究 [J]. 财经研究，2003 (2)：62~69.

[22] 刘善庆，叶小兰，陈文华. 基于 AHP 的特色产业集群竞争力分析——以赣、粤、闽陶瓷特色产业集群为例 [J]. 中国软科学，2005 (8)：141~146.

[23] 王海平. 基于层次分析法的石河子垦区主导产业集群竞争力评价研究 [J]. 新疆农垦经济，2009 (5)：42~47.

[24] 颜炳祥，任荣明，王漫天. 中国区域汽车产业集群竞争力的 AHP 模糊评价 [J]. 西南交通大学学报（社会科学版），2007 (4)：12~18.

[25] 王婉珍. 网络嵌入式与产业集群竞争力 [J]. 哈尔滨商业大学学报（社会科学版），2008 (6)：69~73.

[26] 李文博. 基于网络分析法的产业集群竞争力评价研究 [J]. 科技进步与对策，2009 (4)：119~122.

[27] 王珍珍，陈桦. 嵌入 GVC 的我国产业集群竞争力提升模式研究 [J]. 中山大学研究生学刊（社会科学版），2008 (4)：108~115.

[28] 徐顽强，李华君，李月. 基于 GEM 模型的武汉光电子产业集群竞争力研究 [J]. 中国科技论坛，2009 (4)：72~77.

[29] 高山，王静梅. 基于 GEM 模型的江苏医药产业集群竞争力研究 [J]. 科技管理研究，2009 (3)：235~237.

[30] 吴思静，赵顺龙. 基于 GEM 模型的高新技术产业集群竞争力研究 [J]. 科技管理研究，2010 (5)：154~156.

[31] 喻春光，刘友金. 产业集群竞争力定量评价 GEMN 模型及其应用 [J]. 系统工程，2008 (5)：90~94.

[32] 姚卫华. 大胆构筑，精心实施，快速发展壮大包头稀土产业集群 [J]. 稀土信息，2003 (5)：2~5.

[33] 贺海钧，宋洪芳. 发展产业集群，提升包头稀土产业的竞争力 [J]. 稀土，2006 (4)：88~91.

[34] 王小平. 包头稀土高新区稀土产业集群化发展对策研究 [J]. 内蒙古师范大学学报（哲学社会科学版），2007 (11)：69~72.

[35] 任诗蕊. 加速包头稀土产业发展，提升区域经济竞争力 [J]. 当代经济，2008 (10)：

111~112.

[36] 鲍海峰, 张平. 内蒙古稀土产业集群化成长的要素及其培育途径 [J]. 内蒙古财经学院学报, 2009 (6): 77~80.

[37] 黄家骅, 祖刚. 内蒙古稀土产业集群竞争力分析 [J]. 北方经济, 2009 (7): 38~40.

[38] 张平, 鲍海峰, 祖刚. 金融危机背景下内蒙古稀土产业发展策略研究 [J]. 内蒙古财经学院学报, 2010 (2): 99~102.

[39] 张平, 黄家骅, 鲍海峰. 特色产业集群视角下的内蒙古稀土产业集群化发展研究 [J]. 内蒙古财经学院学报, 2010 (3): 67~69.

[40] 陈景辉, 赵颖. 内蒙古稀土产业集群发展研究 [J]. 大连民族学院学报, 2011 (3): 152~154.

[41] 白雪, 谢丹. 增长极理论视角下的包头稀土产业集群发展建设 [J]. 商品与质量, 2011 (8): 67~68.

[42] 杨杰, 焦海宁, 刘细平. 赣南稀土产业集群化发展对策研究 [J]. 稀土, 2009 (10): 98~101.

[43] 谢芳俊. 资源产业集群与金融融合发展探讨——赣州个案 [J]. 时代金融, 2012 (4): 91~92.

[44] 张建华, 张淑静. 产业集群边界的识别标准 [J]. 科技管理研究, 2006 (5): 208~210.

[45] 孙妍. 基于 GEM 模型的恩施富硒绿色食品产业集群竞争力研究 [J]. 湖北民族学院学报 (哲学社会科学版), 2009 (6): 150~155.

[46] 郭惠杰, 林竞君. 基于 GEM 模型的体育用品产业集群竞争力研究——以江、浙两省为实证 [J]. 武汉体育学院学报, 2011 (11): 58~62.

[47] 黄德春, 李蒙, 张长征. 基于 GEM 模型的游艇业竞争力评价——以长三角地区为例 [J]. 水利经济, 2013 (9): 20~23.

[48] 杨晓云. 基于 GEM 模型的山东淄博陶瓷产业集群竞争力分析 [J]. 山东理工大学学报 (自然科学版), 2011 (7): 108~110.

[49] 周菲菲. 基于 GEM 模型的河南省旅游产业集群竞争力研究 [J]. 科技导刊 (电子版), 2013 (4): 133~134.

[50] 张乃平, 李春艳. 基于 GEM 模型的湖北省农业产业集群分析 [J]. 当代经济, 2008 (8): 102~103.

[51] 杨建梅, 杨静. 评价企业集群竞争力的 GEM 模型及其应用 [J]. 科学与科学技术管理, 2003 (9): 23~26.

[52] 胡宇橙, 王庆生. 基于 GEM 模型的旅游产业集群竞争力研究——以天津滨海新区为例 [J]. 地域研究与开发, 2010 (10): 74~78.

[53] 李志刚. 基于 GEM 模型的浙江南浔木地板产业集群竞争力的实证分析 [J]. 林业经济问题, 2011 (8): 351~356.

[54] 李建磊, 徐小明. 河北省产业集群竞争力 GEM 模型评价 [J]. 河北工业大学学报, 2011 (10): 113~118.

[55] 钟楠, 张庆建. 基于 GEM 模型的重庆市休闲体育产业集群竞争力研究 [J]. 改革与战略, 2011 (11): 137~139.

[56] 曾德高, 李海燕. 基于 GEM 模型的重庆信息产业集群竞争力研究 [J]. 现代商贸工业, 2013, (3): 17~19.

[57] 王艳文. 基于 GEM 模型的包头稀土产业集群竞争力研究 [J]. 科技经济市场, 2012 (6): 20~23.

[58] 金娟萍. 义乌市场集群竞争力研究: 基于 GEM 模型 [J]. 产业, 2012 (18): 46~47.

[59] 田家华, 邢相勤. 基于 GEM 模型的资源型企业可持续发展障碍因素分析 [J]. 中国行政管理, 2008 (3): 68~71.

[60] 张建华, 张淑静. 产业集群边界的识别标准 [J]. 科技管理研究, 2006 (5): 208~210, 190.

[61] Michael E. Porter. The Competitive Advantage of Nation [M]. New York: Basic Books, 1990.

[62] Tin Padmore, Hervey Gibson. Modeling System of Innovation: A Frame Work for Industrial Cluster Analysis in Regions [J]. Research Policy, 1988, 26 (6), 625~641.

[63] 吴一丁. 稀土产业链发展现状及延伸方向 [C] //第十三届中国包头·稀土产业论坛报告集 [C] [出版者不详], 2021: 124~133, 123.

[64] 罗翔, 赖丹. 产业链延伸视角下稀土全产业链效率测度与比较研究——基于三阶段 DEA 模型 [J]. 科学决策, 2021 (6): 104~121.

[65] 吴一丁, 王雨婷, 罗翔. 微观视角下我国稀土产业链延伸的驱动因素研究 [J]. 中国矿业, 2020, 29 (10): 8~14.

[66] 胡凯, 胡政. 物流产业集群环境、标准竞争与物流企业经营效益的互动关系分析 [J]. 商业经济研究, 2021 (14): 119~122.

[67] 马宝林, 尤天翼, 翠明. 提升包头市稀土产业链现代化水平的策略研究 [J]. 北方经济, 2021 (10): 32~34.

[68] 崔蕊, 张爽. GEM 模型视角下吉林省光电子产业集群竞争力研究 [J]. 长春理工大学学报 (社会科学版), 2021, 34 (3): 97~101.

[69] 苏利平, 高爽. 改革开放四十年以来稀土产业政策演进历程与启示展望 [J]. 中国矿业, 2021, 30 (5): 20~26, 35.

[70] 田晓楠．稀土产业供给侧结构性改革发展研究 [J]．现代商业，2021 (7)：41~43.

[71] 周美静，黄健柏，邵留国，等．中国稀土政策演进逻辑与优化调整方向 [J]．资源科学，2020，42 (8)：1527~1539.

[72] 朱铭岳，吴建思．稀土产业的供给侧结构性改革形势 [J]．上海师范大学学报（自然科学版），2019，48 (6)：681~685.

[73] 严佳佳，郭丽平，苏毅鸿．我国稀土定价权的动态演变分析 [J]．福州大学学报（自然科学版），2019，47 (5)：592~597.

[74] 袁中许．资源异质性视角下中国稀土定价权缺失本真研究 [J]．中国人口·资源与环境，2019，29 (4)：157~167.

[75] 李文龙，王旭．供给侧结构性改革视阈下的稀土产业转型升级研究——基于全要素生产率的分析 [J]．铸造技术，2018，39 (12)：2882~2886.

[76] 王世虎．供给侧改革背景下我国稀土行业现状、问题与对策 [J]．中国矿业，2018，27 (6)：6~11.

[77] 张璐．中国稀土定价权缺失研究 [J]．行政事业资产与财务，2018 (2)：16~17.

[78] 高丽，熊英，吴磊，等．我国稀土国际贸易定价权缺失根源研究：文献综述 [J]．资源与产业，2017，19 (5)：100~105.

[79] 韩港．稀土产业供给侧改革的策略研究 [J]．管理现代化，2017，37 (3)：26~29.

[80] 余敏丽，章和杰．中国稀土交易定价机制改革路径研究 [J]．价格月刊，2017 (5)：8~14.

[81] 贾银松．用改革创新协同发展的思路推进稀土供给侧结构性改革 [J]．稀土，2017，38 (2)：145~150.

[82] 王仲山．中国稀土供给侧改革的思考 [J]．稀土信息，2016 (12)：24~25.

[83] 许振亮，陈曦，刘喜美．稀土产业中游专利技术研发热点分析 [J]．稀土，2020，41 (1)：148~158.

[84] 韩兴国，张蕾．内蒙古稀土产业现状及发展分析 [J]．资源与产业，2019，21 (1)：69~72.

[85] 任高锋，许礼刚．外部性视角下赣州稀土产业和谐发展研究 [J]．有色金属科学与工程，2018，9 (1)：111~118.

[86] 曾国华，刘安安，贾宝贵．赣州稀土产业竞争力评价及提升策略 [J]．有色金属科学与工程，2015，6 (6)：132~136.

[87] 徐水太．赣州稀土产业可持续发展的问题与对策研究 [J]．江西理工大学学报，2014，35 (4)：47~51.

[88] 李虹林，陈文晖．我国高科技产业集群竞争力评价——基于技术创新的 GEMI 模型 [J]．

价格理论与实践，2020（6）：154~157.

[89] 赵雨萱，廖婕，何颖，等．基于 GEM 和 AHP 模型的旅游产业集群竞争力研究——以江苏省为例［J］．现代商业，2022（15）：58~62.

[90] 米俊，张琪，曲国华．军民融合产业集群创新效能测度研究——基于价值共创视角［J］．经济问题，2021（9）：64~73.

[91] 曾可昕，张小蒂．数字商务与产业集群外部经济协同演化：产业数字化转型的一种路径［J］．科技进步与对策，2021，38（16）：53~62.

[92] 迈克尔·波特．国家竞争优势［M］．李明轩，邱如美，译．北京：中信出版社，2012.

冶金工业出版社部分图书推荐

书　名	作　者	定价(元)
赣南离子型稀土渗透特性及土水作用机理	郭钟群	66.00
膜分离技术在离子型稀土回收及废水处理中的应用	李新冬	48.00
离子吸附型稀土矿区地表环境多源遥感监测方法	李恒凯	69.00
烧结钕铁硼稀土永磁材料与技术	周寿增	69.00
超强永磁体——稀土铁系永磁材料（第2版）	周寿增	56.00
稀土永磁材料制备技术	石富	29.00
基于价值补偿和储备的稀土产业可持续发展	杨丽梅	42.00
稀土企业运作管理——理论与实践	卢虎生	22.00
离子型稀土矿区土壤氮化物污染机理	刘祖文	68.00
稀土采选与环境保护	杨占峰	238.00
稀土提取技术	黄礼煌	45.00
赣州稀有金属产业发展策略及政策支持研究	张晓青	38.00
赣州现代服务业发展研究	刘立刚	36.00
微量元素 Hf 在粉末高温合金中的作用	张义文	69.00
露天矿边际品位最优化的经济分析	谢英亮	16.90
深部软岩巷道围岩稳定性分析与控制技术	孔德森	25.00
金属矿山露天转地下开采关键技术	路增祥	66.00
矿山企业管理	胡乃联	49.00
重污染企业技术变迁式转型升级研究	黄光球	69.00
工业企业供电（第2版）	周瀛	28.00